DER
KÖLNER
DOM

Markus Eckstein
Fotografien von
Csaba Peter Rakoczy

Überreicht durch

Ihre
Bank für Sozialwirtschaft AG
Zentrale Vermögensanlage

Köln, 18. Juni 2010

J.P. BACHEM VERLAG

Seit 1880 steht er, der Kölner Dom: mächtig, prächtig, populär. Aber er steht nicht von alleine. Erst der Zentral-Dombau-Verein zu Köln (gegr. 1842) hat dafür gesorgt, dass aus einem jahrhundertealten Torso ein gotischer Prachtbau wurde. Jahr für Jahr trägt der ZDV mehr als die Hälfte der Dom-Sanierungskosten. Und darauf sind wir stolz – denn wir haben Anteil am Fortbestand eines der größten Kunstwerke der Welt. Wollen Sie dabei sein?
www.zdv.de

ZDV – damit der Dom uns bleibt.

Die Maße des Domes
(gerundet)

Länge außen	145 m
Querhaus Länge außen	86 m
Langhaus Breite	45 m
Westfassade Breite	62 m
Türme Höhe	157 m
Dachreiter Höhe	109 m
Dachfirst Höhe	61 m
Mittelschiff Innenhöhe	43 m
Seitenschiffe Innenhöhe	20 m
Nutzfläche innen	6 166 m²
Umbauter Raum innen	ca. 407 000 m³
Überbaute Fläche	7 914 m²
Fensterflächen	ca. 10 000 m²

Bildnachweis

Alle Fotografien von Csaba Peter Rakoczy, der Domgrundriss im Umschlag: Norbert Breidenstein.

Bibliografische Information Der Deutschen Bibliothek
Die Deutsche Bibliothek verzeichnet diese Publikation in der Deutschen Nationalbibliografie; detaillierte bibliografische Daten sind im Internet über http://dnb.ddb.de abrufbar.

1. Auflage 2008
© J.P. Bachem Verlag, Köln 2008
Redaktion und Lektorat: Martina Dammrat, Köln
Einbandgestaltung und Layout: Heike Unger, Berlin
Reproduktionen: Reprowerkstatt Wargalla, Köln
Druck: Grafisches Centrum Cuno, Calbe
Printed in Germany
ISBN 978-3-7616-2083-0
www.bachem.de

Umschlagabbildung:
„Rußiger Riese in steinerner Rüstung" (D. Wellershoff)

Bild rechts:
„Doing Cologne Cathedral" (nach einer englischen Karikatur des 19. Jahrhunderts)

Inhalt

Als Victor Hugo 1838 Köln besuchte, machte er sich in der beginnenden Abenddämmerung auf den Weg zur Kathedrale. Der Autor des „Glöckner von Notre Dame" war ein profunder Kenner imposanter Großstadtgotik. Doch ihm widerfuhr etwas, was heute kaum vorstellbar: Er findet den Dom nicht! Die Vielzahl der Gassen, die hohen Häuser der Kölner Altstadt, die länger werdenden Schatten des Abends und der Umstand, dass der Dom seinerzeit noch nicht vollendet war und erst ein Drittel seiner heutigen Gesamthöhe besaß, ließen ihn unentdeckt im Labyrinth der Stadt. Hugo, das Fragen nach dem Wege nicht liebend, machte sich allein weiter auf die Suche. Und endlich, nun aber schon im alle Farben tilgenden Dunkel, stieß er auf sein Ziel: „... eine ungeheure schwarze Masse mit Spitzen und Thürmchen beladen; (...) der Dom von Köln."

Dem heutigen Besucher Kölns kann so etwas nicht passieren. In der Innenstadt sind die 157 Meter hohen Türme des vollendeten Bauwerkes vielerorts sichtbar. Nach der Freilegung des Domes von angrenzender Bebauung im 19. Jahrhundert sowie dank moderner Straßenführung und Bauhöhenbegrenzung im Umfeld ist der Dom ein Orientierungspunkt. Der Zugreisende fällt geradezu aus der Haupthalle des Bahnhofes davor, so unmittelbar, dass Heinrich Böll einmal spöttisch bemerkte, den Dom zu loben sei überflüssig: Er ließe sich ja nicht übersehen, man steige aus dem Zug, blicke unwillkürlich zu ihm auf, und einige Minuten später sei man halt drin.

In solcher Kürze halten es tatsächlich viele der bis zu 35 000 Dombesucher täglich. So manch einer wünscht sich mehr Menschen, die Kölns Schätze eingehender studieren. Auch die Schätze des Domes. Denn die lohnen, dass man sich Zeit für sie nimmt.

Reflex und Relax – der Dom im Spiegel der Betrachter

Bild links:
„Graublau und feierlich und ungeheuer / auftürmt sich dieser Felsen Majestät", schrieb Börries Freiherr von Münchhausen. Das ist nicht der „Lügenbaron", sondern der deutsche Dichter Münchhausen. 1920 stand er vor der Kathedrale und sah die Türme vor den Wolken schwanken.

1

Am steinernen Berg

Der Dom von außen

Sagen Sie mal … wie krieg ich denn den ganzen Dom aufs Foto?

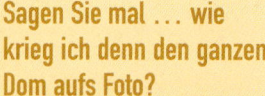

Luur ens vun Düx noh Kölle – also am besten von der anderen Rheinseite. Wer nicht die Zeit hat hinüberzugehen oder partout die imposante Westfassade ins Bild bannen will, geht ein Stück die Straße „An der Burgmauer" hinauf. Wenn es gar nicht klappt: Mehrere Fotos zu einer Collage montieren!

ictor Hugo nahm sich Zeit. Der Romancier ließ, sehr zum Erstaunen eines blau-livrierten preußischen Trägers, sein Gepäck über die Schiffbrücke auf die andere Rheinseite bringen. Im unscheinbaren Deutz gegenüber der großartigen Kulisse Kölns logieren: Das versprach das größere Vergnügen als umgekehrt von Köln auf Deutz zu blicken. Auch Masse und Größe des Domes, seine Dominanz über die Stadt ist aus einer gewissen Entfernung am besten zu ermessen.

Denn der Dom liegt auf dem höchsten Punkt der Stadt. Sockelartig umgeben ihn die Häuser. Der mittelalterliche Chor erreicht von der anderen Rheinseite optisch die Höhe des 70-Meter-Turms der Altstadtkirche Groß St. Martin. Selbst die im weiteren Abstand gelegenen modernen Großbauten mindern nicht den Eindruck, dass der Dom die Stadt beherrscht. Autofahrer suchen von Westen über die Autobahn kommend seine Türme. Es scheint, je ferner man den Dom erblickt, desto größer schaut er zurück. Manch einem kommt er vor wie nicht von Menschenhand gemacht. „Wie ein Gletschergebirge sah ich dich, von Mülheim aus", notierte der Dichter Theodor Däubler.

Der Dom ein Gebirge, die Türme „steinerne Sehnsuchtshälse" (Theodor Däubler, 1919), der Chor eine „Stein-Frisur" (Walter Rheiner, 1918), die Menge der äußeren und inneren Pfeiler ein „Wald" (Friedrich Schlegel 1806, Johanna Schopenhauer 1828, Joseph von Eichendorff 1842) – zahlreich sind die Versu-

che, dem Kölner Dom und seiner zunächst verwirrenden Vielzahl an Schmuckgliedern, seiner ungezählten Zahl großer, mittlerer bis kleinster Fialen, Kreuzblumen, Wimperge und Maßwerk wenigstens bildhaft Herr zu werden.

Tatsächlich ist bei näherem Anschauen aber eine **regelhafte Gestalt** erkennbar: Langhaus und Querhaus des Domes sind kreuzförmig miteinander verschränkt, am Fuß des Kreuzes stehen die beiden Zwillingstürme. Die Dreierportalfronten in Nord, Süd und West markieren die Balkenenden. Und über dem Kreuzpunkt der Dächer wacht der Vierungsturm mit den Engeln und dem goldenen Stern. Rhythmus erhält das Bauwerk durch das zweistufige, vor die oberen Schiffwände und den Chor gesetzte Strebesystem und die Reihung der Fenster. Einer musikalischen

Der Chor ist der älteste, wesentlich bis circa 1300 entstandene Teil des Domes. Das gesamte Strebesystem ist allerdings nicht mehr original. 1829 wurden die ersten Erneuerungen durchgeführt. Die Entwürfe der musizierenden Engel in den Baldachinen der Strebepfeiler sind auch aus dieser Zeit. Sie stammen vom Klassizisten Friedrich Karl Schinkel.

Schon in den 1930er Jahren quietschten Touristenbusse um den Kölner Dom. Kleinkunst umlagert Großkunst. Der Dom lockt Jahr für Jahr Millionen Schauwillige.

Fuge vergleichbar sind die scheinbar unendlich vielen Folgen von großen bis allerkleinsten Fialen, welche die riesigen Turmschäfte begleiten.

„Ein Schlag ins Gesicht"

Als einen solchen empfand der Kölner Wilhelm Albrecht in seinem Abituraufsatz von 1932 die **Umgebung des Domes**. Für viele steht dessen Großartigkeit in unerfreulichem Kontrast zum Umfeld. Wer um den Dom geht, spürt die großstädtische Bedrängung. Ein Horror Vacui an Touristen, Einkäufern, Bedürftigen, Demonstranten, Kleinkünstlern, Skatern, des Autoverkehrs oder des „Bimmelims" gummibereifter Kleinbahnzüge umfängt ihn. Der Dom aber duldet dies. Wie ein aus dem Fels gewaschenes Fossil scheint er dem lauten und planlos wirkenden Gewimmel mit urzeitlicher Härte zu trotzen.

Wer mag, kann einmal um das Gotteshaus herum gehen: Vom Bahnhof gelangt man über die 2005 geschaffene großzügige Freitreppe auf die „kalte", die Nordseite des Domes. Links am nördlichen Querhaus vorbei, kommt man zum Domherrenfriedhof vor dem Chor. Um das Jahr 2000 kamen Überlegungen auf, den Domherrenfriedhof nach Melaten zu verlegen, weil Ansagen abfahrender Züge auf dem

Hauptbahnhof während der Bestattung der auf Ankunft im Ewigen hoffenden Domgeistlichkeit doch merkwürdige Assoziationen wecken können. Doch erst mal bleibt es, wie es ist.

Beschaulich und nachdenklich stimmend zugleich ist der Point de Vue auf den Domchor vom Heinrich-Böll-Platz aus. Der „Heinrich-Böll-Platz" ist der von Dani Karavan bis 1986 geschaffene Ehrenhof für Kölns ermordete Juden vor dem Museum Ludwig.

Gewissermaßen abgründig vor der Mittelachse des Chores gelegen, befindet sich das aus dem 6. Jahrhundert stammende achtzackige **Taufbecken** des ältesten nachweisbaren Kirchenbaus an dieser Stelle. Innerhalb der hier vom Autoverkehr umtosten, mehrgeschossigen Domplatte war es, eine der ältesten christlichen Anlagen in Deutschland, schon in den 1970er Jahren zum dunklen Winkel menschlicher Notdurft verkommen. Immer wieder wurde über eine der Würde des Ortes entsprechende Veränderung gegrübelt. Leider inspirierte bislang auch Dionysos nicht, dessen von Hans Karl Burgeff geschaffene Figur 1973 vor dem Taufbecken aufgestellt wurde.

Weiter zur Chorsüdseite schwenkend, in Richtung des Papst Johannes XXIII. gewidmeten Roncalliplatzes, kann man ein weiteres Mal in die Tiefe schauen, hinab in den Innenhof der **Dombauhütte**. Hier ist ein Großteil der Handwerksbetriebe für die Erhaltung des Domes untergebracht. Rund 60 Männer und Frauen sind beschäftigt: Steinmetze, Schreiner, Zimmerleute, Gerüstbauer, Schlosser, Glasrestauratoren, Maler. Rechnet man die Mit-

Rund um den Dom: Ein Porträt Meister Gerhards (?), des ersten Dombaumeisters, im Scheitel des Chorachsfensters. Blick auf das Baptisterium und die Arbeiten der Dombauhütte

Prozessionsgang durch das Südportal

Sagen Sie mal ... wo ist denn der Rasierspiegel vom Beuys?

Die Mataré-Portale wurden teils vom Meisterschüler Joseph Beuys ausgeführt. Mitten ins Kreuz des Kardinalwappens auf dem Mittelportal hatte Beuys seinen Rasierspiegel als Lichtpunkt eingesetzt. Leider fiel der Spiegel aber später heraus und wurde nicht erneuert.

arbeiter von Dombauverwaltung und Dombauarchiv, der Forschungsstätte des Kölner Domes, und die eigentlichen „Domarbeiter" (die Priester, Diakone, Küster) hinzu, kommt man auf ein mittelständisches Unternehmen „Kölner Dom" mit ungefähr 140 festen Mitarbeitern.

Ein Stück weiter erreicht man die **südliche Querhausfront** des Domes. Die Gitter davor sollen vor allem die 1948–1954 von Ewald Mataré geschaffenen bronzenen **Portale** schützen. Matarés Portalflügel sind herausragende erste Nachkriegsschöpfungen. Mit dem Reigen Kölner Heiliger auf dem linken Mittelflügel sind sie auch inhaltlich stimmig in das weitere Figurenprogramm gefügt. Die bedeutende neugotische, 1842–1855 entstandene Süd-

querhausfassade wurde von dem Bildhauer Christian Mohr bis 1869 bestückt. Die Tympana der Seitenportale zeigen die Märtyrien der Heiligen Ursula und Gereon sowie derer Gefährten. Begleitet wird die Betrachtung vom Klackern der Skateboards auf der Domplatte sowie vom beständigen Rauschen des Windes um den Dom oder dem Raunen der nicht nachlassenden Menschenmenge, die der Altstadt oder der Hohe Straße zuströmt. Vielleicht ist auch leise wieder das Plätschern des „Drüggen Pitter", des lange Zeit trocken gelegten und über Jahre demontierten **Petersbrunnens** von 1866 zu hören.

„Ein Wartturm, durch das Land zu schaun"

Ferdinand Freiligrath, 1842

Der „Decke Pitter", der Welt größte freischwingende Glocke, wiegt 24 Tonnen und hat mehr als drei Meter Durchmesser. Wer zu ihm will, muss sich hoch hinauf schrauben.

Beständig auch der Strom an Menschen vor dem **Südturm**: 500 000 möchten jährlich dort gen Himmel streben. Zur Entlastung des Gewimmels und Geschiebes vor den Eingängen wurde 2007 mit Arbeiten für einen neuen Zugang zur **Turmbesteigung** begonnen. Über eine unterirdische Verteilerebene vor dem Turm gelangt der Besucher am archäologischen Grabungsbereich vorbei zum Treppenaufgang. Ab Erdgeschossebene erwarten ihn 509 Stufen, die ersten zwei Drittel in engen steinernen Wendelgängen mit stetem Gegenverkehr, das letzte Geschoss wird (nicht von allen, die nicht Höhenfesten bleiben zurück!) über eine luftige, sich am Schluss durch den

Sagen Sie mal … wie schwer ist der Dom?

Der Kölner Dom wiegt mit Fundamenten circa 160 000 Tonnen. Das entspricht ungefähr dem Gewicht von 45 000 Elefantenkühen oder drei Viertel der Kölner Bevölkerung.

offenen Gewölbering schraubende Eisenrosttreppe gemeistert. Und dort, ja dort erwartet einen der einzige Ort der Ruhe am Dom. In 100 Metern Höhe, auf der den Turmhelm umlaufenden Galerie sind nur die Gespräche der Anderen zu hören. Man unterhält sich über die Aussicht. Stadt und Landschaft werden identifiziert. Wo ist die Kölnarena, die Altstadt, St. Aposteln? Brücke und Bahnhof lagern „wie mythische Tiere" (Dieter Wellershoff) zu Seiten des Domes. Und sieh da, ein Zug verlässt die Station, ein Schiff quert die Eisenbahnbrücke über dem Rhein. Die Kohlekraftwerke qualmen im Westen, und manchmal, ja manchmal, bei klarster Sicht, sieht man auch Bonn, das Siebengebirge. Der Drachenfels winkt, weit, weit in südlicher Ferne.

Linke und folgende Seiten:
Am Dom, im Dom und um den Dom
herum … allerhand Durchblick

Sagen Sie mal … der eine Turm ist doch höher?

Der Nordturm ist ganze sieben Zentimeter höher als der Südturm. Das ist bei 157 Metern Höhe weniger als ein halbes Promille. Allerdings gibt es Kinder um die sechs Jahre, die diesen Unterschied ganz sicher von unten erkennen.

Sagen Sie mal ... warum wurde der Dom im Mittelalter nicht fertig gebaut?

Genau ist das nicht zu sagen. Im Jahr 1560 stellte das Domkapitel den Baubetrieb offiziell ein, nachdem aber schon Jahrzehnte zuvor wohl kaum noch gebaut wurde. Der Dombau wurde im Mittelalter zu großen Teilen durch Ablassgelder finanziert. Durch das Auftreten Luthers versiegte diese Quelle. Der wirtschaftliche Niedergang Kölns im 16. Jahrhundert und die Abwendung von der Gotik als Stil dürften den Baustopp befördert haben.

Bild rechts: Kölner Spitzen –
Dom und Severinsbrücke
unten: Maßvoll schwindelerregend –
ein Turmhelm

Die anlässlich der Turmbesteigung schweißtreibenden Dimensionen des Domes verdichten sich optisch in geringerer Distanz. Eine steile Untersicht der vor den Wolken schwankenden Türmen lässt gar nicht mehr erkennen, dass jedes ihrer Geschosse schon die Höhe der umgebenden fünf- bis sechsstöckigen Bebauung besitzt. Oft ist es erst der Vergleich, der einem eine wirkliche Vorstellung von solcher Größe gibt: 7 000 Quadratmeter Wandfläche hat allein die Turmfassade – das entspricht der Größe eines Fußballfeldes. Damit hat der Kölner Dom bis heute die größte Kirchenfassade weltweit.

Dombau und kein Weltuntergang?

Dem Stil nach entspricht die **Westfassade** hochgotischen Formen aus der Zeit um 1300. Bereits außen tritt der Kölner Dom als einheitliches und stimmiges Bauwerk in Erscheinung. Selbst für den Fachmann ist ohne Vorkenntnis und nur durch bloßes Anschauen schwer zu entdecken, dass die Hälfte des Domes und rund achtzig Prozent der Turmfront nicht aus dem Mittelalter stammen, sondern erst im 19. Jahrhundert erbaut wurden. Victor Hugo sah seinerzeit von den Türmen nur die ersten beiden Stockwerke des Südturmes mit dem erhaltenen mittelalterlichen Baukran darauf. Nur sie sind mittelalterlich. Sie wurden um 1360 bis circa 1410 errichtet. Die übrigen

Geschosse, der Turmhelm, der Nordturm und der Mittelbau wurden in gerade mal siebzehn Jahren zwischen 1863 und 1880 wesentlich anhand einer originalen Bauzeichnung des Mittelalters gebaut: nach dem sogenannten Fassadenriss F. Der Fassadenriss F ist ein über vier Meter hoher, Ende des 13. Jahrhunderts auf Pergament gezeichneter Plan der Türme. Diese bedeutendste mittelalterliche Architekturzeichnung wird lichtgeschützt hinter einem grünen Vorhang in der Johanneskapelle des Domes bewahrt.

Mittlerweile gibt es sogar eine Bauzeit des 20. und des 21. Jahrhunderts am Kölner Dom. Das ist an der bis 2005 durch helle Werksteine ersetzten „**Domplombe**" kenntlich. Mit „Domplombe" bezeichnete man in Köln eine Backsteinfüllung im Pfeiler des Nordturmes. Mit der Plombe wurde provisorisch eine schwere Beschädigung des Turmes durch eine Luftmine im Zweiten Weltkrieg behoben und der Turm dadurch vor dem Einsturz bewahrt. Aber auch natürliche Erosionserscheinungen haben permanente Reparaturen und Restaurierungen am Dom zur Folge. Für die von der Kölner Dombauhütte mittlerweile mit einem finanziellen Aufwand von rund sieben Millionen Euro jährlich durchgeführten Instandsetzungsarbeiten hat der Volksmund das Sprichwort „Wenn der Dom fertig ist, geht die Welt unter" gebildet. Sicherlich wird niemand mehr den Kölner Dom ohne Baugerüste sehen – zumindest solange ein Interesse an Kölns bestem Stück besteht. Wissend, dass die Umkehrung: die Welt gehe nicht unter, solange am Dom gebaut wird, nicht statthaft ist, hat der Kölner Autor Dieter Wellershoff die Türme melancholisch als Symbole unseres Überlebens beschrieben, da sie heute in Giftschwaden und Säureregen wie riesige Tropfkerzen zu schmelzen drohten.

Apostel-Klone am Portal

In der Regel betritt man den Dom durch das **Peters-portal**, das rechte Seitenportal im Westen. Das Hauptportal in der Mitte wird nur an hohen Festtagen geöffnet, beispielsweise zum feierlichen Einzug nach der großen Fronleichnamsprozession.

Das Petersportal ist das einzige von insgesamt neun Portalen, das im Mittelalter gebaut wurde. Um 1370 bis 1380 wurde es mit bedeutendem Figurenschmuck versehen. Die beige-sandsteinfarbenen Figuren sind allerdings Nachgüsse der mittelalterlichen Plastiken: fünf Apostel in den Gewänden, Szenen der Apostel-geschichte wie die Kreuzigung Petri im Tympanon sowie Propheten, Heilige und Engel in den Archi-volten. Die Originale aus Kalkstein wurden 1983 aus konservatorischen Gründen entfernt. Ein Teil von ihnen ist in der Schatzkammer des Domes ausgestellt.

Die drei rechts stehenden Gestalten im Nordgewände des Petersportals sind Gussduplikate der mittel-alterlichen Figuren (von links Jakobus d. Ä., Andreas, Petrus). Links davon stehen Simon, Matthäus, Thomas und Judas Thaddäus. Sie werden wohl noch einige Jahre so hell erscheinen. Bildhauer Peter Fuchs schuf sie bis 1884. Anfang des 21. Jahrhunderts wurden sie jedoch umfassend restauriert und Witterungs- wie Kriegsschäden nachgearbeitet.

Linke Seite: Dieses Gerüst hängt 30 Meter tief von einer Plattform in über 100 Metern Höhe herab.

2

Im Wald voll hoher Bäume

Der Dom innen und seine Ausstattung

D en meisten der rund fünf Millionen Menschen, die jährlich den Kölner Dom besuchen, schwingt bei Betreten des Mittelschiffs unwillkürlich der Kopf in die Höhe. Die steilen Proportionen – die mehr als 43 Meter bis zu den Schlusssteinen der Gewölbe entsprechen einem vierzehnstöckigen Wohnhaus! – und die schlanken Bündelpfeiler mit ihren absatzlos in die Höhe geschmiegten Diensten entwickeln eine optische Dynamik, der sich kaum jemand zu entziehen vermag. Selbst unruhige jugendliche Schulklassen fallen angesichts des riesigen und ebenmäßig geführten Raumes ins Staunen, oft in Konzentration und sogar Stille. Georg Forster, der jakobinerfreundliche deutsche Reisende, Naturforscher und Revolutionär, meinte 1790, die Einbildungskraft möchte am liebsten dieses kühne Emporstreben der Pfeiler und Mauern ins Grenzenlose verlängern. Erstaunlich, denn hier spricht ein aufgeklärter, materialistisch orientierter Zeitgenosse die transzendente, aufs Geistige, und sei's: zum Himmel weisende Kraft der Gotik an.

Gotik also ist wirklich majestätisch

Jürgen Becker, 1964

Noch sechzehn Jahre zuvor versenkte sich der junge Goethe „missmutig" zwischen den als geistlos empfundenen Pfeilern und Hallen des „erstarrten Weltgebäudes". Aber nur wenn er allein war. In Gesellschaft lobte Goethe den Dom. Seine spätere Begeisterung konnte er, wie auch Georg Forster, nur im Chor, dem einzigen im Mittelalter vollendeten Gebäudeteil gewinnen.

Der Eindruck des heutigen Betrachters muss noch gewaltiger ausfallen. Das über 140 Meter messende **Langhaus** vermittelt im Innern ein Bild größter Harmonie und Geschlossenheit. Die Rhythmen von

Im Südseitenschiff des Kölner Domes wurde 1388 der Gründungs-gottesdienst der Kölner Universität gefeiert. Mehr als die Pfeiler stand dort zu diesem Zeitpunkt eigentlich noch nicht. Damit es nicht hinein-regnete und dort Messe gefeiert werden konnte, waren auf den Pfeilern Holzdächer und später im Barock sogar hölzerne Gewölbe angebracht. Der Fußboden mit den eingelegten Streifen aus grünem und rotem Granit stammt aus dem 19. Jahrhundert.

Blick durch das südlichste Seitenschiff nach Westen. Die mittelalterlichen Pfeiler wurden im 14. Jahrhundert quasi seriell und ergonomisch gebaut. In der Bauhütte vorgefertigte, normierte (erkennbar an den parallel verlaufenden Fugen) Werksteine wurden für Dienste und Pfeilermantel verwendet. Die Gewölbe sind aus dem 19. Jahrhundert. Nach mittelalterlichem Vorbild wurde jeder Gewölberippe ein bestimmter Dienst zugeteilt. Auch so erhielt der Dom sein harmonisches und geschlossenes Aussehen.

Pfeilern und Bögen, der Gewölbe, die Maßwerkformen in Triforien und Fenstern gleichen einander in höchstem Grad. Der Kölner Dom ist dem Stil nach ein hochgotisches Bauwerk par excellence. Spätgotische Formen wie der Schneuß finden sich lediglich im Bereich der Anfang des 16. Jahrhunderts bis auf 22 Meter Höhe errichteten Ostwand des Nordturmes oder in den Scheiteln der inneren Arkadenbögen. Das sind aber wenige und den Gesamteindruck nicht beeinträchtigende, ja oft kaum zu entdeckende Details. Im Ganzen ist der Dom in den bis Mitte des 13. Jahrhunderts in Frankreich entwickelten Formen erbaut. Direktes Vorbild war vor allem die 1220 begonnene Kathedrale in Amiens.

Der Besucher hat beim Blick durch das Langhaus Bauteile aus fünf verschiedenen Jahrhunderten vor sich. Im Mittelalter hatte man ab 1248 bis circa 1530 gebaut. In diesen ersten drei Jahrhunderten wurde der Dom nur knapp zur Hälfte fertig. Nach einer „Baupause" von weiteren dreihundert Jahren betrieb man zwischen 1842 und 1880 die Vollendung. Damals, wie offenbar schon im Mittelalter, bestand der Anspruch, das Bauwerk möglichst entsprechend den ursprünglichen Plänen zu errichten. Das Ergebnis ist ein einzigartiger Zusammengang von hochgotischem Baustil des 13. Jahrhunderts mit einer brutto 632 Jahre währenden Bauausführung gemäß den jeweiligen technischen Möglichkeiten vom Mittelalter bis zum industriellen 19. Jahrhundert.

Versuch und Irrtum

Statische Berechnungen gehörten im ganzen Mittelalter nicht zur Kompetenz der Bauingenieure. Die gotischen Baumeister wollten unter Verzicht auf die massiven Mauern früherer romanischer Bauwerke eine „himmelhohe", von äußerster Leichtigkeit und Durchlichtung bestimmte Architektur schaffen. Dazu wurde in bislang unbekanntem Maße eine Auflösung der Wände mittels **Fenster** betrieben. Der Kölner Dom hat circa 10 000 Quadratmeter Fenster. Anders ausgedrückt: Auf ein Meter Länge des Mittelschiffs fallen fast 44 Quadratmeter Fenster dar-

Der Chor ist der einzige im Mittelalter vollendete Bauteil des Domes. Vom genialen Meister Gerhard wurden nur einige der unteren Chorkranzkapellen ausgeführt, bis dieser erste Dombaumeister um 1260 plötzlich verstorben sein muss. Spätestens 1304 war der Chor baulich vollendet.

25

über. Damit erreicht der Kölner Dom vor vergleichbaren Kathedralen wie Chartres oder Amiens einen Spitzenwert. Technisch wurde die enorme Durchfensterung durch das außen vor die Schiffwände gesetzte Strebesystem möglich.

Deutlich mehr Durchfensterung als beim Kölner Dom hätte wohl kein mittelalterlicher Baumeister gewagt. Es sei denn, man hätte seinerzeit den armierten Spannbeton gekannt. Gewände und Pfeiler hätten dann noch schlanker gestaltet werden können, die Fenster noch größer. Wer höher, weiter, steiler proportioniert bauen wollte, ging im Mittelalter bewusst Risiken ein. Oftmals stürzten ganze Bauwerke wegen mangelhafter Statik ein, wie es 1284 dem Chor und 1573 dem Turm der Kathedrale von Beauvais geschah, oder, ganz in der Nähe, mehrfach dem Westturm von St. Kunibert in Köln.

Der Engel des Mahnmales von Georg Grasegger, 1919.
Im Bild darunter der Alte Dom im Fußbodenmosaik des Chores. Ausgrabungen unter dem Dom und eine tausend Jahre alte Buchmalerei haben das Aussehen der 870 geweihten Kölner Bischofskirche überliefert.

Helden, Heiden, Heilige

Die Fenster des Kölner Domes gehören zum Schönsten und Kostbarsten, was er zu bieten hat. Für Victor Hugo waren sie sogar eine Art Schmerzmittel nach zwischenzeitlichem Dom-Schock: Handwerkerlärm, Sägen, Hämmern, der Anblick von Hebebühnen, rohes Geschwätz nebst Messgesängen, alles das, was ihm im Dom zu einer

Zeit begegnete, da dessen Vollendung vorbereitet wurde, machte einen sehr misslichen Eindruck auf ihn. Als sei ein edles Stiftsfräulein von einem groben Maurer geheiratet worden, so kam ihm das Innere des Domes vor. Doch die „herrlich blitzenden Fenster" im nördlichen Seitenschiff stimmten ihn milde und entlockten ihm dann ausführliche Detailschilderungen.

Die zwischen 1507 und 1509 geschaffenen **Renaissancefenster** im Nordseitenschiff stellen die Summe der technischen Möglichkeiten der Kunstverglasung ihrer Zeit dar. Farben und Figuren wurden hier in einem furiosen Konzert von Buntglas, Hinter- und Vorderglasmalerei, Schraffur- und Schlifftechnik sowie plastisch aufgesetztem Glasschmelz gestaltet. Viele Details sind mit bloßem Auge gar nicht zu erkennen. Diese Fenster waren sehr teuer. Sie kosteten ungefähr das Sechsfache der Jahreseinnahmen eines Handwerksmeisters. Hier kamen vor allem sehr reiche Stifter infrage, allen voran die Kölner Erzbischöfe.

Das mittlere Fenster stiftete die Stadt Köln, erkennbar an der mehrfachen Darstellung des Kölner Wappens mit drei goldenen Kronen auf rotem Grund. Was in der Stadtgeschichte Bewanderte damals sicher erkannten: Dieses Fenster war nicht nur fromme Gabe, sondern auch politisches Denkmal. Mitten im christlichen Dom

Sagen Sie mal … warum ist denn das Fenster zugemauert?

Was in den Seitenschiffen ausschaut wie halb vermauerte Fenster sind tatsächlich in die Fensterzone gesetzte Pfeiler. Im Bereich der westlichen Langhausseitenschiffe stützen sie die Türme, im Winkelbereich von Quer- und Langhaus nehmen sie den Schub der Gewölbe auf. Der Trick, durch auf die Pfeilerflächen gesetztes Maßwerk Fenster vorzutäuschen, funktioniert bis heute.

Geburt Jesu aus dem „Kölner" Renaissancefenster. Im Geburtsjahr Mariens, 14 v. Chr., wurde Köln gegründet, meinten die Stadtväter.

Misstrauisch und wachsam blickt Gereon, der Stadtheilige, aus dem Fenster der Stadt Köln.

Rechte Seite:
Honiggelb gerahmt, die Anbetung Jesu in einem der „Bayernfenster"

Sagen Sie mal … was macht das bayerische Wappen da oben?

Die Einwölbung der östlichen Seitenschiffjoche wurde im 19. Jahrhundert mit Spenden aus Bayern finanziert. Damit dies der Nachwelt erinnerlich bleibt, wurden die weiß–blauen Karos in die Gewölbefelder gemalt.

zeigt es nämlich an augenfälliger Stelle zwei waschechte Heiden. Die beiden ritterlich gekleideten Gestalten in den unteren Winkeln des Fensters sind links Marcus Agrippa – der römische Feldherrn begründete wahrscheinlich 19/18 v. Chr. mit der Ansiedlung der germanischen Ubier Köln – und rechts der sagenhafte Held Marsilius, auch er ein Mann vorchristlicher Zeit. Was machen die im Dom zu Köln? Köln wurde im Mittelalter vom 10. bis zum 13. Jahrhundert von den Bischöfen regiert. Mit der Schlacht von Worringen im Jahr 1288 hatten Kölner Patrizier gegen den Bischof Siegfried von Westerburg das Regiment übernommen. Die Nachfolger Siegfrieds versuchten bis ins 18. Jahrhundert immer wieder durch juristische Klagen die Herrschaft über die Stadt zurückzuerlangen. Vergebens. Im Gegenzug versäumten die Räte Kölns wenige Gelegenheiten, ihren Anspruch auf die Stadt klarzustellen. Die römischen Helden Marcus Agrippa und Marsilius zeigen: Die Geschichte der Stadt ist älter als die der Kirche oder gar des Christentums! Wie darf da ein Mann der Kirche die Geschicke Kölns vertreten!

Bayerns Glanz

Gegenüber den Renaissancefenstern fällt vielen Dombesuchern die satte, an Ölgemälde erinnernde Farbigkeit der Fenster im Südseitenschiff auf. Diese Fenster stiftete König Ludwig I. von Bayern anlässlich der 600-Jahrfeier der Grundsteinlegung des Domes 1848. Die fünf Fenster thematisieren von West nach Ost den Vorläufer Christi Johannes, Geburt und Erscheinung des Herrn (Anbetung der Hirten und Huldigung der Weisen, also Weihnachten), Passion Christi (Kreuzabnahme und Beweinung stellvertretend für Ostern), Aussendung des Geistes (Pfingsten) und den ersten Nachfolger Christi, den Märtyrer Stephanus. Die sogenannten **Bayernfenster** entstanden zu einer Zeit, als man sich um eine Wiedergewinnung der mittelalterlichen Glasmalkunst bemühte. Die „Königliche Anstalt für Glasmalerei München", in der die Fenster ausgeführt wurden, vertrat eine Schule, die meinte, die mittelalterliche Glaskunst hätte sich aus der Tafelmalerei entwickelt. Tatsächlich sind Komposition und Farbwerte dieser in mehrfacher Schichtung auf Milchglas angebrachten Fenster an romantischen Ölgemälden ihrer eigenen Zeit orientiert. Sie gehören zum Besten, was es an Glasmalerei aus dem 19. Jahrhundert gibt.

„Gibt es hier noch Kirche?"

D ie manchmal etwas ungelenk formulierte Frage ist angesichts des täglichen Rummels im Kölner Dom durchaus berechtigt. Die Antwort lautet „Ja"! Jeden Tag finden mehrere Messen statt. Die Werktagsmessen werden meist in der Marienkapelle gefeiert, die erste bald nach Öffnen des Domes um 6.30 Uhr. An

Der Mädchenchor im Kölner Dom auf dem Weg zum Einsatz. Musik wird hier groß geschrieben. Allein vier Chöre gibt es. Regelmäßige Orgelfeierstunden und Konzerte garantieren ein professionelles und hochlohnenswertes Programm. Die Zeiten, in denen sich Leopold Mozart über den schlechten Chorgesang im Dom mokierte oder der englische Architekt und Designer Augustus W. N. Pugin (1812–1852) über eine musikalische Messe, die – „ein Räuberchor" – ihn schier umzubringen drohte, sind vorbei.

der Vierung steht man vor dem heutigen liturgischen Brennpunkt des Domes. Die Sedilien um den Altar und der goldleuchtende Dreikönigenschrein hinter dem Hochaltar im Chor geben Kunde von den wichtigsten Domfunktionen. Beginnen wir mit der, ohne die es ihn so wohl nie gegeben hätte:

Der Kölner Dom ist **Grabes- und Pilgerkirche** der Heiligen Drei Könige. Im Jahr 1164 führte der Kölner Erzbischof Rainald von Dassel triumphal die Reliquien der Heiligen Drei Könige nach Köln. Zwei Jahre zuvor hatten er und Kaiser Friedrich Barbarossa Mailand erobert. Dort befanden sich die Dreikönigsgebeine und Rainald nahm sie als Kriegsbeute an sich. Dieser „klerikale Knochenklau", wie es der Kabarettist Jürgen Becker und der Historiker Bernd

Stankowski nennen, hatte ein klares Ziel: Rainald machte mit dem Besitz dieser Reliquien seine Stadt Köln zu einer der christlichen Hauptstätten. Denn die Heiligen Drei Könige waren dem Matthäusevangelium gemäß die ersten, die sich zu Jesus als Sohn Gottes bekannten. In diesem speziellen Sinne können sie als die ersten Christen gelten.

Des Weiteren ist der Kölner Dom **Bischofskirche**, und damit ist er Hauptkirche des Kölner Erzbistums. Dafür steht die Kathedra, der liturgische Sessel des Kölner Erzbischofs links, am nordöstlichen Vierungspfeiler. Der schwere Stuhl mit den geschwungenen Armlehnen wurde 1952 vom damaligen Dombaumeister Weyres entworfen. An der Rückenlehne ist das Wappen des Erzstiftes angebracht.

Und schließlich ist der Kölner Dom seit 1801, seit der Neuordnung des Kölner Pfarrwesens im Zuge der Säkularisation, auch eine ganz normale katholische **Pfarrkirche**. Der Sessel mit niedriger Lehne auf der rechten Seite der Vierung ist für den Dompfarrer. Was hier im Sinne der Gesamtkirche die hierarchischen Unterschiede korrekt spiegelt (großer, hoher Sitz für den Bischof – bescheidener für den Pfarrer), ist auf den Dom bezogen eher umgekehrt zu betrachten. Der Dompfarrer übt als Mitglied des Domkapitels Hausherrengewalt aus. Er bestimmt also mit über die Nutzung des Domes und über die Verwendung der Finanzen. Der Erzbischof jedoch ist von alters her kein Mitglied des Domkapitels. Streng genommen könnte der Dompfarrer dem Bischof sogar Hausverbot erteilen – aber nicht umgekehrt.

„Der Stuhl wackelt", frozzelte einst Kardinal Frings über die Kathedra.

Sagen Sie mal ... gab es im Mittelalter hier keine Fenster?

Doch. Im Zeitraum von ungefähr 1410 bis 1440 wurden im Nordseitenschiffbereich Fenster eingesetzt. Davon hat sich allerdings nichts erhalten. Der ehemalige Dombaumeister Arnold Wolff stellte einmal die amüsante Vermutung auf, dass die sehr jungen Priesterschüler des Domes – im Alter ab zwölf Jahren traten die Jungen dem Seminar bei – beim Ballspiel auf einem kleinen Innenhof zwischen dem Südseitenschiff und der früheren Dom-Aula die Fenster mit der Zeit so sehr beschädigten, dass man sie schließlich aufgab.

Sagen Sie mal ... war der Dom mal bemalt?

Am nordwestlichen Vierungspfeiler sind in Augenhöhe Reste von Rankenornamenten zu sehen. An dieser Stelle stand im 18. Jahrhundert ein Anna-Altar. Der Pfeiler wurde damals als Altarrückwand mit Rankenwerk geschmückt. Im Mittelalter waren außer Altarrückwänden wohl nur die Pfeilerkapitelle farbig gefasst, in der Art wie es heute noch zu sehen ist.

Der um 1360 geschaffene Klarenaltar aus der 1804 abgerissenen Franziskanerinnen-Klosterkirche St. Klara lässt sich mehrfach öffnen. Oben: Der Altar wird in der Fasten- und Adventszeit geschlossen. Bilder mit der Kreuzigung, die man nach hundert Jahren wieder besorgte, verdecken seit Dezember 2007 wie einst den Mittelteil des Flügelaltares (hier nicht abgebildet).
Mitte: Die Alltagsöffnung zeigt gemalte Szenen aus dem Leben Jesu.
Unten: An den Apostelfiguren und zwölf Reliquienbüsten ist die Feiertagsöffnung zu erkennen, die nur Weihnachten und Ostern gegeben ist.

Info+ Die Orgeln im Kölner Dom

Eine Gottesdienstkirche braucht natürlich auch eine Orgel. Der Kölner Dom hat vier: zwei kleine und zwei große. Die beiden kleinen Orgeln stehen in der Sakramentskapelle und im südwestlichen Chorum-gangsbereich. Sie sind für die Werktagsgottesdienste. Die großen Orgeln stammen aus der Werkstatt Klais in Bonn. Die ältere auf der Empore im Winkelbereich zwischen Chor und Nordquerhaus ist von 1948. Sie entstand zu einer Zeit, als fast das gesamte Langhaus wegen der Domgrabung und wegen Sicherungsar-beiten an kriegsbeschädigten Gewölben gesperrt war. Diese Orgel reichte zunächst für den Gottesdienst am mittelalterlichen Hochaltar völlig aus. Zum Katholi-kentag in Köln 1956 wurde der gesamte Dom wie-der geöffnet, und nun stellte sich heraus, dass die Entfernung der Orgel bis zu den hintersten Bank-

Sagen Sie mal ... warum sind da keine Figuren?

Vor der Stirnwand des nördlichen Querhauses befand sich bis zu ihrer Zerstörung im Zweiten Weltkrieg eine ältere Domorgel. Deshalb wur-den hier im Gegensatz zur Südquer-hauswand im 19. Jahrhundert keine Figuren unterhalb des Triforiums angebracht.

Großes Können und Konzentration erfordert das Spiel am General-spieltisch der großen Domorgel. Allein vier Manuale (Tastensätze) stehen zur Verfügung.

Schwalbennest und Lichterfest (vor der Schmuckmadonna)

reihen immerhin fast 80 Meter beträgt. Das heißt, die Menschen, die hinten sitzen, hören die Orgel eine Viertelsekunde später als die vorne Sitzenden. Beim Messgesang „klapperte" es.

1998, zur 750-Jahrfeier der Grundsteinlegung, erhielt der Dom die große Schwalbennestorgel vor dem Langhausobergaden. Dies ist der optimale akustische Ort. Einige Jahre konnten allerdings nur schwindelfreie Organisten das Instrument bedienen. Der Spieltisch in 23 Meter Höhe ist nicht jedermanns Sache. Seit 2002 sind die Instrumente aber verknüpft und können vom Spieltisch der unteren Orgel aus sogar gleichzeitig bedient werden.

Obwohl es schon im Mittelalter Schwalbennestorgeln gab, etwa in Chartres, hat der Denkmalschutz dafür gesorgt, dass am Denkmal und Weltkulturerbe Kölner Dom für die Anbringung so wenig Eingriffe wie möglich vorgenommen wurden. Daher baute man einen Stahlrahmen über dem Gewölbe. Nur vier kleine Löcher mussten ins Gewölbe geschlagen werden, durch die man die Stangen führte, an denen das ganze 30 Tonnen schwere Instrument hängt.

Ihr Herz eine Golduhr

Hilde Rubinstein, 1980

Zur Linken, im Nordarm des Querhauses, befindet sich die meist besuchte Andachtsstätte des Domes, die ständig von Hunderten Kerzen umwogte **„Schmuckmadonna"**. Victor Hugo umschreibt sie als „ächt italienische Madonna, mit Lahn und Flitter beladen". Tatsächlich ist diese Muttergottes aus dem 18. Jahrhundert gerade mal an den beiden bekrönten Köpfchen zu erkennen. Ansonsten sind Maria und das Kind in ein mit Votivgaben schwer behangenes Kleid gehüllt: Ketten, Armreife, Ringe, Broschen, Amulette ... – „heil'ge Bestechungsversuche" meint die Schriftstellerin Hilde Rubinstein. Nirgendwo sonst im Dom ist katholische Marienfrömmigkeit sichtbarer als hier. Mehrere Tausend Opferkerzen werden täglich vor dem Gnadenbild entzündet, an hohen Marientagen sollen es bis zu 7 000 sein.

Die Vitrine mit der Schmuckmadonna befindet sich hinter der Front des von 1660 bis 1690 geschaffenen **Dreikönigsmausoleums**. Ehemals in der Achskapelle des Chorumgangs befindlich, diente es im Barock bis zum Abbruch im 19. Jahrhundert der Bewahrung des Dreikönigenschreines.

Es werde Licht!

Im Herbst 2007 kehrten täglich Hunderte Besucher der Schmuckmadonna den Rücken. Das war nicht ablehnend gemeint. Ihr Blick galt dem im August des Jahres feierlich enthüllten **Fenster von Gerhard Richter** im Südquerhaus. Der international renommierte und in Köln lebende Kunstmaler wurde 2002 um einen Entwurf für das im

Quadrate und kein Richter im Südquerhausfenster

Konkret und abstrakt: das Kinder-
fenster und die Farbfeldfolie des
Fensters von Gerhard Richter hinter
dem Schatten des sinnenden
Kirchenvaters

Sagen Sie mal ... wo ist denn das Kinderfenster mit dem Auto?

Das von Kölner Kindern nach dem
Dombaufest 1948 gestiftete Fenster
befindet sich im Westteil des nördlichen Querhauses. Geschaffen
wurde es erst 1960–65 und zeigt
Kinderszenen aus der Bibel und
dem Kirchenleben. Die oft gesuchte
Szene, wo ein Schutzengel ein Kind
vor einem heranbrausenden Auto
rettet, ist im fünften Register ganz
rechts.

Zweiten Weltkrieg zerstörte und nicht rekonstruier-
bare Fenster an dieser Stelle gebeten. Aus 11 250
Farbfeldern – die 72 unterschiedlichen Farbwerte ent-
nahm Richter den historischen Fenstern des Domes –
schuf er teils computergeneriert ein 113 Quadratmeter
großes abstraktes Werk, das Querhaus und Altarbereich in ein anderes, im Dom bis dahin nicht mehr
gewohntes Licht tauchte. Ob seiner Abstraktion und
ob der religiös zurückhaltenden Weltanschauung
des Künstlers kritisiert, bewundert, bestaunt, geliebt
oder ignoriert, wurde dem Werk eine für Kunst im
christlichen Kontext selten gewordene Aufmerksamkeit zuteil.

Auch die mittelalterlichen Fenster des Domes bestehen zu großen Teilen aus Ornamentbahnen. Die
allein sind schon als ein Bild für Gott gemeint. Er ist
die Wahrheit (Erleuchtung!) und der Schöpfer und
Erhalter der Welt (der Geist durchdringt alles wie
das Licht die Scheiben). Wie Gott sozusagen „funktioniert", nicht wie er und seine Heiligen aussehen –
davon kann auch ein von
Licht durchflutetes abstraktes
Fenster eine tiefe und über die
Sinne geführte Vorstellung
geben.

Preußens Glorie

Die Fenster im unteren Bereich des Südquerhauses
stammen aus dem 19. Jahr-
hundert. Die Totalrekonstruk-
tion des im Zweiten Weltkrieg
zerstörten Paulus-Fensters auf

der Ostseite dauerte rund fünf Jahre bis 1994 und kostete eine halbe Million Deutsche Mark. Das Halbfenster auf der Westseite zeigt den katholischen Publizisten Joseph Görres. Er war Anfang des 19. Jahrhunderts maßgeblich daran beteiligt, die Idee der Domvollendung zu verbreiten. Nach Abschluss der Bauarbeiten wohnte 1880 Kaiser Wilhelm I. mit seiner Gattin Kaiserin Augusta den Vollendungsfeierlichkeiten bei. Daran erinnert die Memorie links in der Wand.

Info+ Domvollendung im 19. Jahrhundert

Im Jahr 1814 verfasste Joseph Görres im Rheinischen Merkur einen Artikel, der als wichtigster Anstoß für die Vollendung des Domes im 19. Jahrhundert gilt. Soeben waren in den sogenannten Befreiungskriegen im Rheinland zwanzig Jahre französischer Herrschaft beendet worden. Napoleon war besiegt und im Wiener Kongress wurde das Rheinland Preußen zugeschlagen.

Joseph Görres sah in der Vollendung des Kölner Domes das ideale Symbol für einen deutschen Nationalstaat. Den gab es damals noch nicht. Das alte Kaiserreich war seit dem Dreißigjährigen Krieg in eine Vielzahl einzelner Länder zerfallen. Görres' Idee war nun, möglichst viele Deutsche (das hieß damals, wer Deutsch zur Muttersprache hatte) für die Vollendung des Domes zu begeistern, um so mit dem Dom symbolhaft den Nationalstaat zu errichten. In diesem Sinne stifteten der preußische König Friedrich Wilhelm IV. rund ein Drittel der Baukosten und der bayerische König die Südseitenschifffenster. Geldmittel von privat wurden in allen deutschen Fürsten-

tümern und Ländern der Zeit gesammelt. Selbst in Paris wurde eine Sektion des für die Aufwendungen zuständigen Kölner Dombauvereins gegründet (Vizepräsident dieser Sektion war übrigens eine Zeit lang der Exilant Heinrich Heine). „Dem Jeiste deutscher Einichkeit un Kraft sollen die Dompforten Tore des herrlichsten Triumphes werden", zitiert noch 1926 anlässlich des Endes der britischen Rheinlandbesetzung Kölns Oberbürgermeister Konrad Adenauer die Rede des preußischen Königs von 1842 zur zweiten Grundsteinlegung.

Die Finanzierung des Dombaus als Nationalsymbol wäre allerdings nicht möglich gewesen, ohne dass zuvor in der Kunst-Romantik ein neues Interesse für den gotischen Stil entwickelt worden wäre. Zur Zeit des Barock und im Klassizismus des frühen 19. Jahrhunderts wurde die Gotik noch als ein dunkler und verworrener Stil angesehen. Die technischen Voraussetzungen zum Weiterbau hatte der unermüdliche Sulpiz Boisserée mit seinem 1830 erschienenen Kupferstichwerk „Ansichten, Risse und einzelne Theile des Doms von Köln" geschaffen. Das waren die ersten maßstabgetreuen Pläne zum Dombau. Die Arbeit des „fleißigen beharrlichen Freundes" verhalf auch Goethe aus dem „Labyrinth des Geleisteten und Beabsichtigten" zu einer positiven Bewertung des Domes.

Der Dom als Symbol für Deutschland: Aber welcher Art sollte dieses Deutschland sein? Demokratisch oder autoritär? In Zeiten der Hohenzollernmonarchie und im Bismarckreich kam es auch zu vehementer Kritik am Dombau. Der nationale Dom, rhetorisch bis zum „Grenzwachthurm Deutschlands" oder „Reichsbannerträger" verdreht, bringt noch hundert Jahre später Heinrich Böll in Rage. In einer literarischen Utopie von 1978 lässt der Nobelpreisträger die Tür-

Sagen Sie mal ... kann man hier auch heiraten?

Ja, katholisch. In der Pfarrkirche Kölner Dom wird natürlich auch geheiratet. Allerdings wird das Brautpaar zur Eheschließung in die Sakramentskapelle gebeten. Hochzeiten im Hauptraum – wovon viele träumen – sind nicht möglich.

Sagen Sie mal ... was war denn mit den Fenstern im Krieg?

Bis 1940/41 wurden alle mittelalterlichen Fenster des Domes ausgebaut, ausgelagert und so gerettet. Die Fenster des 19. Jahrhunderts verblieben bis auf die Bayernfenster zum größeren Teil im Dom. Heute müssen sie in jahrzehntelanger Arbeit wieder hergestellt werden.

Linke Seite:
Das Görresfenster von 1854. Der Gelehrte und Publizist kniet vor Maria und Christus, hinter ihm sein Namenspatron. Unten sind Karl der Große und der heilige Bonifatius, der „Apostel der Deutschen", als Verweis auf Görres' nationale und katholische Verdienste dargestellt.

Auch auf gut 18 Meter Entfernung vermittelt sich der enorme Farbreichtum in Lochners „Altar der Stadtpatrone". Der linke Flügel vereinigt einen Teil der begleitenden Schar der heiligen Ursula. Selbst die große Kunst Lochners vermochte nicht alle der 11 000 Jungfrauen unterzubringen. Der heilige Gereon nebst seiner christlichen Soldateska, dritte wichtige Gruppe der Kölner Stadtheiligen, ziert den rechten Flügel.

me des Domes *ironisch unter Anleitung von Beuys abtragen. Die einzelnen Blöcke werden als Souvenir und zur Errichtung eines „freikatholischen Seminars zur Abschaffung der Dogmen" wieder verwendet. Zum Schluss der Utopie bildet sich ein „Verein zum Wiederaufbau des Domes".*

Allerhand Heilige

W er mag, setzt sich vielleicht einen Moment in die Bänke vor dem Gitter zur **Marienkapelle** und lässt den Blick um sich schweifen. Neugierige finden sich mit einem Mal inmitten einer auratischen Versammlung von Heiligen. Seitlich des Choreingangs bitten Nährvater Joseph und der heilige Antonius mit dem Jesusknaben auf dem Arm um Kerzenopfer und Almosen. Der Blick fällt durch die Gitter auf die Pfeilerfiguren des Chors, er fällt auf die gemalte Muttergottes von Lochners Altar. Die **Dompatronin** ist beinah allgegenwärtig: Rechts am Pfeiler der Marienkapelle die schlanke „Mailänder Madonna". Maria in der Figurenreihe der „Heiligen Sippe" an der rechten Kapellenwand. Maria in mädchenhafter Demut am rechten Pfeiler vor dem Betrachter. Sie gehört zu einer **Verkündigungsgruppe**, die, auf zwei Pfeiler verteilt, den aufmerksamen Dombesucher das „Ave" des Engels Gabriel dazwischen hören lässt – Gabriel ist am gegenüberliegenden Pfeiler hinter dem Betrachter. Zu Seiten des in höflichem Kontrapost stehenden Erzengels kniet der Stifter der Figurengruppe Victor von Carben.

Der Blick, rechts im Kreis über die Vielzahl der Heiligenfiguren an den Pfeilern des Querhauses schweifend, gelangt ein weiteres Mal, nun schräg links im Rücken des Betrachters, zu einem Bild der Muttergottes – ein Werk des späten Schönen Stils aus dem 15. Jahrhundert. Vielleicht bleibt der Blick aber auch zuvor an dem lange Zeit restaurierten **Agilolphusaltar**, um 1520, mit seinen Dutzenden, in „Gedrängebildern" vereinigten Schnitzfiguren hängen.

In keiner Weise zu übersehen ist der riesige, aus drei Tuff-Blöcken geschlagene, über 3,70 Meter

Die lateinische Inschrift auf der Figurenkonsole lautet: „victor sacerdos, olim iudeus" – „der Priester Victor, früher Jude". Victor von Carben wurde 1473 getauft. Er wurde zum Priester geweiht und hatte betagt und verarmt vor dem Kölner Erzbischof Hermann von Hessen Disputationen mit Kölner Juden über den christlichen Glauben und gegen seine ehemaligen Glaubensgenossen veranstaltet. Victor von Carben stiftete auch die Figuren der Heiligen Sippe in der Marienkapelle.

„Christo-phoros" heißt „Christus-Träger". Es ist schon bemerkenswert, wie realistisch der Träger hier unter seiner Last schier verzweifelt, und der Getragene, Christus, als der, der aufrichtet, erscheint. Die Skulptur begrüßte jahrhundertelang die Besucher bei Eintritt in den Dom. Vor Vollendung des Bauwerkes war nämlich in diesem und dem benachbarten Joch die provisorische Eingangshalle für den Chor eingerichtet.

hohe **Christophorus** am linken Pfeiler vor den Chorgittern. Der heilige Christophorus wurde im 2. Vatikanischen Konzil aus der Liste der Heiligen gestrichen, da er historisch nicht nachweisbar ist.

Dennoch ist er nach wie vor einer der populärsten Heiligen. Heute die Autofahrer beschützend, war er schon im Mittelalter der Patron der Reisenden, der Händler und Pilger. Der erste Blick auf den Heiligen beim Betreten einer Kirche sollte vor plötzlichem Tod schützen. Dabei wird er selber geschützt. Der kleine Christus auf seiner Schulter richtet ihn lächelnd mit seiner kleinen Hand an den Haaren auf, bevor Christophorus in den Wellen zu seinen Füßen zu versinken droht, „reißt ihn todüber", wie es in einem Gedicht der deutsch-amerikanischen Lyrikerin Margot Scharpenberg heißt.

Diese größte erhaltene mittelalterliche Plastik Kölns wird Meister Tilman zugeschrieben. Meister Tilman unterhielt in den Jahrzehnten um 1500 die auftragsstärkste Holzschnitzerwerkstatt Kölns. Von ihm gibt es in vielen der alten Kölner Innenstadtkirchen Skulpturen, die Schmerzensmänner in Groß St. Martin oder St. Aposteln etwa. Der Stil des Meisters Tilman ist an den dramatisch hochgezogenen Brauen des unter der Last des weltentragenden Christus beinahe zusammenbrechenden Christophorus zu erkennen. Ungewöhnlich ist allerdings, dass hier im Dom ein Holzbildhauer eine Steinplastik hinterlassen haben soll. Denn man weiß, dass Bildhauer, Steinmetze und Holzschnitzer im Mittelalter in ganz unterschiedlichen Zünften organisiert waren und die Zugehörigkeit zu zwei Meisterzünften schon wegen der hohen Beitritts- und Mitgliedsbeiträge kaum möglich war.

Das Heiligste der Kunst

Friedrich Wilhelm Carové, 1816

„Die Augen, die Lippen, die Wänglein, / Die gleichen der Liebsten genau." So besingt Heinrich Heine im „Buch der Lieder" die Muttergottesdarstellung auf Stephan Lochners **„Altar der Stadtpatrone"**. Des Dichters flotter Vergleich Mariens mit der Geliebten ging im frühen 19. Jahrhundert allerdings zu weit. Schon ein Jahr nach der Niederschrift wurden die letzten Zeilen entschärft. Da heißt es in späteren Editionen nur noch saftlos frömmelnd: „Die Lippen, die Aeuglein, die Wänglein, / Die sah ich schöner nie; / Es kommt und spricht ein Englein: / Gegrüßet seist du Marie!"

Sagen Sie mal ... war der Papst schon mal hier?
Meist stellen jüngere Besucher diese Frage und sie bezieht sich auf den amtierenden Papst. Johannes Paul II. war drei Mal im Dom. Beim ersten Mal 1978 war er noch Bischof von Krakau. Eine Gedenkplatte am ersten nordwestlichen Langhauspfeiler erinnert daran. Joseph Ratzinger kam als Papst Benedikt zum ersten Mal am Weltjugendtag 2005 nach Köln.

Sagen Sie mal ... soll das der Dreikönigenschrein sein?
Das kleine Kästchen zu Füßen Mariens im Dombild, die Goldgabe des ältesten Königs, ist in der Art eines kleinen mittelalterlichen Schreinsreliquiars gemalt. Vielleicht ist dies wirklich eine Anspielung auf den Dreikönigenschrein im Kölner Dom.

Angesichts der Fülle mehr oder weniger gelungener Hymnen auf das Dombild, sah sich Goethe zu der Bemerkung veranlasst, es sei zu befürchten, es werde bald wieder so verdüstert vor den Augen des Geistes dastehen wie ehemals durch Lampen- und Kerzenruß. Der französische Autor Joris-Karl Huysmans (1848–1907) meinte despektierlich, Maria habe „einen Hals wie eine Färse und ein Fleisch wie Sahne".

Heine war nicht der einzige, der Erotisches an diesem Hauptwerk mittelalterlicher Kölner Tafelmalerei fand. Victor Hugo vermeinte, der Engel Gabriel auf der Außenseite betrachte die Jungfrau beinah begehrlich. Schlegel hielt die Madonna für „vielleicht das schönste, lieblichste und süßeste, was je auf deutscher Erde gemahlt". Schon diese Bemerkungen geben Zeugnis von der enormen Wirkung, die „der Lochner" zu bald allen Zeiten seiner nun im 6. Jahrhundert stehenden Existenz hatte.

Im Kölner Dom befindet sich das „Dombild" erst seit 1809. Denn der „Altar der Stadtpatrone" wurde um 1445 ursprünglich für die Kölner Rathauskapelle

„St. Maria in Jerusalem", die vormalige Kölner Synagoge, geschaffen. Da es sich um eine Stiftung des Kölner Stadtrates handelt, darf man wohl in den individuellen Gesichtern der Heiligen Drei Könige Porträts Kölner Ratsherren sehen.

Dass das Gemälde von Stephan Lochner stammt, kann man einer Tagebuchnotiz Abrecht Dürers entnehmen. Dürer ließ sich 1520 für zwei Weißpfennige das Bild des „maister Steffan zu Köln" aufschließen. Die Notiz ist bemerkenswert, da man fragen kann, was den Altmeister der deutschen Renaissance bewogen haben könnte, das Bild eines bald drei Generationen zuvor tätigen, spätmittelalterlichen Kollegen zu studieren. Ein Grund dürfte wohl Lochners meisterhafter Detailrealismus sein. Solch wirklichkeitsnahe Gesichter oder die naturgetreue Wiedergabe der Kleidung der Heiligen Drei Könige waren in der Mitte des 15. Jahrhunderts in Deutschland noch völlig neu. So etwas muss Dürer, den an der sichtbaren Wirklichkeit orientierten Renaissancekünstler, beeindruckt haben.

Bis 1855 war über dem Altar der Marienkapelle noch die „**Mailänder Madonna**" zu sehen. Heute befindet sie sich rechts an einem der Wanddienste. Die in S-förmiger Körperhaltung wiedergegebene, gotisch schlanke Muttergottes aus Nussbaum stammt von etwa 1280. Das „Hohlkreuz" galt um diese Zeit als besonders vornehme, höfische Haltung. Die „Mailänder Madonna" wurde wohl in der Kölner Dombauhütte gefertigt. Ihren Namen erhielt sie von einem Mailänder Original: Rai-

Sagen Sie mal … wo ist denn der dritte König?

Der dritte König auf dem Altarbild von Stephan Lochner ist der junge Mann mit Stirnbinde und bronzenem Pokal rechts von Maria. Lochner hat die zentrale Figurengruppe (Maria, Christus, Drei Könige) innerhalb eines gleichseitigen Dreiecks, das Symbol für den dreifaltigen Gott, gemalt. Christus im Zentrum des Dreiecks wird formal als der wahre Sohn Gottes hervorgehoben. Die drei Könige sind die ersten, die dies bekennen: Sie stehen für Epiphanie (Erscheinung) des Herrn.

Die Mailänder Madonna. Kronen und Zepter sind von 1855.

„Memento mori" – „Gedenke des Todes": Der Schädel am barocken Epitaph des 1781 verstorbenen Ferdinand Eugen de Francken-Sierstorff in der Marienkapelle erinnert an die Sterblichkeit des Menschen.
Hund und Löwe sind nicht mit im Grab des Bischof Engelbert von der Mark, wie manche meinen. Sie weisen auf Treue (im Glauben) und Stärke des Bestatteten hin.

nald von Dassel führte nebst den Dreikönigsreliquien auch eine wundertätige Muttergottes nach Köln. Jenes Gnadenbild ging jedoch verloren, und so haben sich sowohl der Name als auch der Glaube der Wundertätigkeit auf dieses Bildwerk übertragen. Das **Grab des Rainald von Dassel** liegt übrigens im rechten hinteren Winkel der Kapelle, und mit ihm beginnt die Reihe der Hochgräber im Chorumgang des Kölner Domes.

Mir ist, als würden sie reden

Karoline von Günderode, um 1800

Nah beim Chorumgang in der Marienkapelle ist das mit eisernem Gitter über der Liegefigur versehene Grab des 1371 verstorbenen Grafen **Gottfried von Arnsberg**. Gottfried hatte seine Grafschaft den Kölner Erzbischöfen vermacht und zur Gegenleistung wurde er als einziger „Voll-Laie" im Dom bestattet. Den Menschen seiner Grafschaft vermachte er einen Teil seines Geldvermögens und Waldbesitz. Deshalb kommt bis heute alljährlich am Sonntag vor Michaelis (29. September) eine Delegation aus den sauerländischen Orten Arnsberg und Neheim-Hüsten mit Bürgermeister und Schützenverein nach Köln und hängt Kränze ans Grab. Die Kinder der Ortschaften bekommen an diesem Tag süße Brötchen. Auch dies rührt noch von der Stiftung des Grafen, der wollte, dass sich die

Jüngsten seiner Herrschaft wenigstens einmal im Jahr satt essen können.

Zum Ausgang der Kapelle in den Chorumgang hin befindet sich das **Grab Friedrich von Saarwerdens**. Friedrich regierte von 1370 bis 1414 und gilt als der letzte der mittelalterlichen Kölner Bischöfe. Sein Grab ist das größte Hochgrab im Dom, die Liegefigur, die ihn „realistisch in groben bäuerlichen Zügen" (Ricarda Huch, 1927) wiedergibt, ist eine der größten und besten Bronzegüsse des Mittelalters.

Gleich die nächste, die erste der sieben radial angeordneten Kapellen des Chores, birgt das älteste Bischofsgrab des Domes. Das unscheinbare **Grab von Bischof Gero** aus dem ausgehenden 10. Jahrhundert stammt noch aus dem Alten Dom und wurde spätestens mit Fertigstellung und Weihe des gotischen Domchores 1322 von dort überführt. Im Alten Dom

Angeblich sollte das Gitter die Liegefigur des Grafen Gottfried von Arnsberg vor Vandalismus schützen. Die Familie war beim Erben leer ausgegangen.

Sagen Sie mal …
wo sind denn hier die Katakomben?

Die Frage zielt meist auf den nicht frei zugänglichen Ausgrabungsbereich unter dem Dom. Katakomben im Sinne ausgedehnter unterirdischer Grabanlagen hat der Dom nicht. Nur die Kölner Erzbischöfe werden in der erst 1960 geschaffenen Krypta unter dem Dom bestattet.

Wandgrab und Schrein der seligen Richeza in der Johanneskapelle. Eine Tafel am Kapellengitter weist auf die um 1000 im Rheinland geborene Gattin des polnischen Königs Mieszko I. hin.

Die Wandmalerei in der Stephanus-kapelle, wo einst das Gerokreuz war

war es ein Bodengrab. Die Deckplatte war einst Teil des Fußbodens. Sie ist mit Ornament aus rotem und grünem Porphyr geschmückt, den kostbarsten Marmorsorten des Altertums. Diese Steine sind jeweils nur an einer einzigen Stelle in Ägypten bzw. Griechenland zu finden.

Für die Feier von Gottesdiensten steht in jeder der Chorkranzkapellen ein Altar. Die rückwärtigen, an die Wand gemalten Altarbilder sind meist aus der Zeit um 1320. Besonders erwähnt sei die **Steinigung des heiligen Stephanus**, des ersten Märtyrers, in der Stephanuskapelle. In den Kapellen wird allerdings nur noch selten Gottesdienst gefeiert. Einer der Gelegenheiten ist der Tag der heiligen **Irmgardis von Süchteln**, deren sterbliche Überreste in der gotischen Tumba in der Agneskapelle ruhen, am 4. September. Dann ist die Kapelle geöffnet, eine Messe wird gefeiert und man kann den Tag über im geöffneten Grab die Schachteln und Kisten sehen, die die Reliquien bergen.

Das **Hochgrab des Bischofs Philipp von Heinsberg** (gest. 1191) in der Maternuskapelle weckt besondere Aufmerksamkeit. Das Grab wurde um 1300 in Gestalt der mittelalterlichen Kölner Stadtmauer und deren Türme gebaut. An den Wänden der Tumba befinden sich die ältesten bekannten Darstellungen des Kölner Stadtwappens. Philipps Grab dürfte so etwas wie ein politisches Mahnmal und Vermächtnis des Domkapitels gegen die Kölner Bürger sein. Denn Philipp, seinerzeit noch Stadtherr in Köln, hatte ab 1180 den Bau der mittelalterlichen Stadtmauer maßgeblich finanziert. Jedoch nicht ganz freiwillig. Die Kölner Bürger hatten bereits vorher, gegen den Wil-

len des Bischofs, mit dem Mauerbau begonnen. Als Philipp von Heinsberg dagegen bei Kaiser Friedrich I. protestierte, dieser aber den Kölnern die Wehrhoheit bestätigte und dem Bischof mit militärischer Gewalt drohte, lenkte Philipp ein. Damit nun nicht er in seiner Stadt von den kaiserlichen Heeren überrannt würde, beeilte er sich, den Bau der Mauer zu befördern. Nun, hundert Jahre nach dem Tod dieses Bischofes und nachdem Köln in der Schlacht von Worringen Bischof Siegfried von Westerburg besiegt hatte, sollte dieses Grabmal – mit einer gewissen historischen Verdrehung – den Bürgern wohl sagen: „Schaut her, das ist der, der euch die Stadtmauer geschenkt und dessen Nachfolger ihr zu Unrecht geschlagen, als Stadtherr abgesetzt und vertrieben habt. Seid nicht undankbar!"

Das Grab des Philipp von Heinsberg. Liegefigur und Verstorbener sind wie bei allen anderen Hochgräbern mit Blick nach Osten ausgerichtet. Denn aus der Himmelsrichtung der aufgehenden Sonne erwartet das Christentum, wie übrigens auch der Islam, den Erlöser als den Weltenrichter am Jüngsten Tage wieder. Auf Jesus hoffend, weist dieser Blick Philipp den direkten Weg ins Paradies.

Bischof Konrad von Hochstaden im Bodenmosaik trägt das Pallium über Brust und Schulter. Dieses nur vom Papst verliehene Textilband weist ihn als Metropoliten, als Erzbischof aus. Die Kreuze auf dem Pallium — zwei sind nicht sichtbar — symbolisieren die Wundmale Christi. Zum Zeichen der weltlichen Würde Konrads ist er mit Kurfürstenhut statt der bischöflichen Mitra dargestellt.

Entgegen den aufstrebenden Gesetzen der Gotik haften die Blicke Vieler im Chorumgang auf dem Fußboden. Dort befindet sich das größte Ausstattungsstück des Domes, das **Fußbodenmosaik** aus dem 19. Jahrhundert. Im Mittelalter war der Boden mit einfachen Trachytplatten ausgelegt. Im Barock wurde er dann marmoriert, schwarz-weiß-lachsfarbene Reste davon sind teilweise in den Chorkapellen erhalten.

Info+ Fußbodenmosaik und Idealriss des Kölner Domes

Das Fußbodenmosaik entstand zwischen 1885 und 1899. Es bedeckt außer den Kapellen den gesamten Chorbereich und die Vierung, wo es allerdings unter dem Altarpodest nicht sichtbar ist. Das Bildprogramm ist sehr komplex. Es befasst sich mit dem Kosmos (Vierung), den Lebensaltern und Werken der Menschen (Binnenchor), der politisch-christlichen Ordnung der Welt (Zwischenpresbyterium) und der kirchlich-geistlichen Ordnung (Presbyterium). Der Chorumgang ist der Geschichte der Kölner Kirche vorbehalten. Hier werden namentlich oder figürlich die Kölner Bischöfe seit der Zeit des Maternus im 4. Jahrhundert bis zu denen der Entstehungszeit des Mosaiks vorgestellt.
Im Scheitel des Chorumgangs ist Erzbischof Konrad von Hochstaden dargestellt. Konrad hatte am 15. August 1248 den

Grundstein des Kölner Domes gelegt. Am Grundriss in seiner Hand ist die ideale Gestalt des Domes ablesbar. Das Vierungsquadrat von 50 x 50 Römische Fuß (1 Römischer Fuß entspricht 29,57 Zentimeter) gibt durch Multiplikation oder Teilung das Grundmaß für alle weiteren Joche. So hat das Langhaus das Dreifache der Länge der Vierung. Oder ein Seitenschiffjoch entspricht dem Viertel dieses Maßes. Der gesamte Dom misst außen in der Länge genau fünfhundert Fuß. Auch auf die Höhendimensionen bezogen besteht dieses Prinzip mittelalterlicher Planungen, das Maß und Proportion aus einem Grundmaß ableitet. Hier offenbart sich ein tiefer Sinn vom Ideal des Kirchenbaus. Dass Kirchen irgendwie ein Abbild des Himmels sein sollen, ist baugeschichtlich ein alter Hut. Aber wie ist das im Einzelfall vorzustellen? Niemand im Mittelalter wird behauptet haben, der Himmel sähe genau so aus wie der Kölner Dom. Man dachte damals viel in Analogien. So wie das Bauwerk Kölner Dom aus einem – mathematisch-geometrischen – Prinzip entwickelt wurde, so ist auch die Schöpfung inklusive des Himmels auf ein Prinzip – Gott – zurückzuführen. Sie wurde von Gott in harmonischen Maßen und Proportionen ausgeführt.

> **Sagen Sie mal …**
> **geht das nicht kaputt?**
> Das Fußbodenmosaik des Domes besteht aus rund 25 bis 30 Millionen 2,5 bis drei Zentimeter langen, in Betonmilch eingelassenen Buntkeramikstäben. Es ist sehr stabil. Mosaik und Grundierung inklusive des Betonuntergrundes sind 15 Zentimeter dick. Stöckelschuhe und die vielen Millionen Paar Menschenfüße dürften den Keramikstiften aber auf Dauer zusetzen, so dass man möglicherweise einmal über einen Schutz nachdenken muss.

Letzte Ruhe auf der Baustelle

Becker/Stankowski nennen den Chorumgang spöttisch Kölns „ältesten Autobahnring". Von der Südseite des Umgangs und der Marienkapelle strömten die Dreikönigspilger hierher. Die Achskapelle in der Mitte des Kapellenkranzes war über Jahrhunderte ihr Ziel. Denn hier stand bis 1864 der

Dreikönigenschrein. Eigentlich sollte er in die Vierung. Da sie aber im Mittelalter nicht vollendet wurde – und das hatte man wohl rasch erkannt – wurde er bis zur Chorweihe 1322 in die Achskapelle überführt.

Die **Dreikönigenkapelle** ist der älteste aufgehende Teil des Kölner Domes. Hier wurde, nachdem man die ersten neun Baujahre allein mit dem Bau von Fundamenten zubrachte, die überirdisch sichtbare Aufmauerung begonnen. Hier irgendwo muss auch von Bischof Konrad von Hochstaden der Grundstein des Domes gelegt worden sein. Der Stein wurde allerdings bis heute nicht entdeckt.

Bischof Konrad wurde 1261 noch während des laufenden Großbaubetriebs in der Dreikönigskapelle bestattet. Mit der Überführung der Dreikönigsgebeine in den gotischen Chor musste er allerdings in die benachbarte Johanneskapelle umgebettet werden. Das vorzüglich restaurierte Liegebildnis des Bischofs – auch dies einer der bedeutendsten Bronzegüsse des Mittelalters – war in früheren Jahrhunderten wie vieles andere im Dom arg vernachlässigt. Victor Hugo sah es so sehr von Staub und Spinnfäden umsponnen, dass ihn der arme Konrad an den gefangenen Gulliver bei den Liliputanern erinnerte.

Ebenfalls schon während des laufenden Großbaubetriebes wurden in der Achskapelle Fenster eingesetzt, das mittlere „Ältere Bibelfenster" etwa um 1260. Es zeigt in zwei parallel verlaufenden Bah-

Linke Seite:
Die Dreikönigenkapelle ist ganz im Sinne des 19. Jahrhunderts als Gesamtkunstwerk von Architektur, Malerei und Plastik gestaltet. Die Wandmalereien wurden nach mittelalterlichen Resten 1892 von Friedrich Stummel ergänzt. Der Altar von Wilhelm Mengelberg (1908) kombiniert Altarblock und „Füssenicher Madonna" aus dem 13. Jahrhundert mit neugotischem Retabel, 600 Jahre alten Reliquienbüsten und den neugotischen Dreikönigsgestalten.
Die Figur des Bischofes Konrad (Johanneskapelle) zeigt ihn jugendlich mit klassisch-idealem Profil.
unten: Lässig, dem Leben zugewandt erscheint der Erzbischof Anton von Schauenburg (Bischof 1556–58) auf dem Renaissanceepitaph in der Engelbertuskapelle.

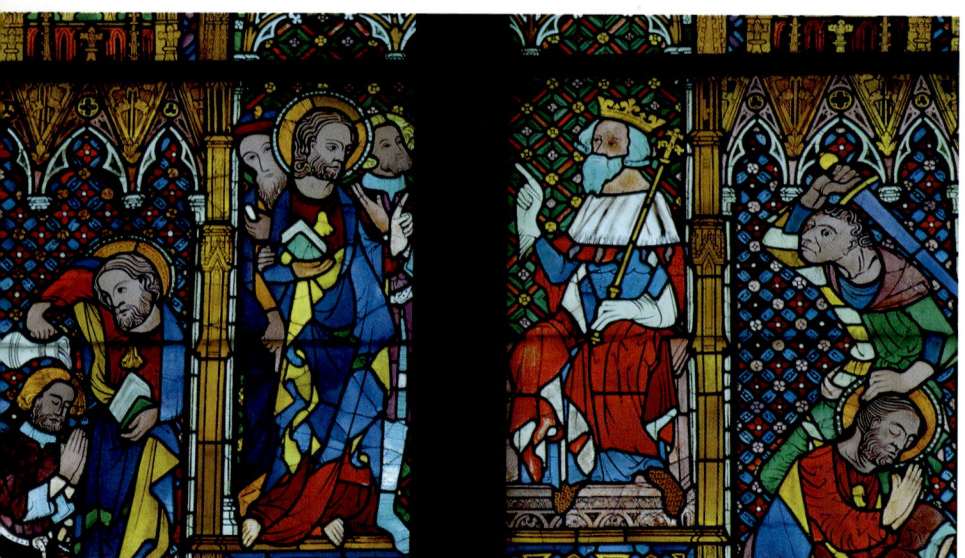

Das Jacobusfenster in der Maternuskapelle (um 1320) ist bildhafte Heiligenkunde. Die dreifach erscheinende Gestalt sieht aus wie Jesus, und die gleiche Gestalt in der Enthauptungsszene wird noch heute von vielen für Johannes den Täufer gehalten. Es ist aber, erkennbar an der Muschel um den Hals, der heilige Jacobus. Die mittelalterlichen, leseunkundigen Jakobspilger – sie trugen selbst solche Muscheln – konnten in diesem Fenster erkennen, inwiefern der Mann ein heiligmäßiges Leben führte: Er taufte wie Johannes, wurde wie dieser enthauptet, er stand vor seinem Richter wie Jesus vor Pontius Pilatus oder Johannes vor Herodias.

nen rechts Szenen des Neuen Testamentes und links solche des Alten Testaments, die sich als Vor-Bilder („Antitypen") der jeweils gegenübergestellten jüngeren Szene verstehen lassen. Als Beispiel mögen die Darstellungen im neunten Register von unten dienen: Jona ist nach einem Christuswort bei Matthäus der alttestamentarische Gegentyp zum auferstandenen Christus. So wie der Prophet Jona nach drei Tagen aus dem Maul des Wales ausgespien wurde (links), ist Christus drei Tage nach seinem Kreuzestod von den Toten erstanden („die Erde spie ihn aus"). Da das ganze Fenster sich in solch komplexer Typologie lesen lässt, spricht man von „Bibelfenster". Außer dem „Älteren" gibt es noch ein ganz ähnliches „Jüngeres Bibelfenster" von circa 1280 im Dom. Es befindet sich in der Stephanuskapelle, stammt aus der 1804 abgerissenen Dominikanerkirche „Heilig Kreuz" und wurde wahrscheinlich vom heiligen Albertus Magnus konzipiert.

„Ein wunderbarer byzantinischer Reliquienkasten"

Victor Hugo, 1838

D er Dreikönigenschrein ist der größte und aufwendigste Schrein der Christenheit. Vom Chorumgang aus kann der Besucher das über zwei Meter lange und gut 1,50 Meter hohe Werk aus der Nähe betrachten. Schon im frühen 17. Jahrhundert bewunderte der englische Reisende Thomas Coryate dessen Unvergleichbarkeit im damals an Reliquienschätzen noch weitaus reicheren katholischen Europa, wenn er auch die vielen frommen Anrufungen vor den Heiligen als „in den Wind gesprochen" empfand.

Der zweigeschossige Sarkophag – ein aus drei Schreinen zusammengesetzter Kombi-Sarg – zeigt an den unteren Langseiten Könige und Propheten des Alten Testamentes. Sie sind auf teils ungewöhnliche Weise als Gestalten der frühen Heilszeit vorgestellt. So wird

Figuren und Bleche an Lang- und Rückseite des Dreikönigenschreins sind aus vergoldetem Silber, die der Stirnseite aus reinem Gold. Die Rundbögen über den Figuren erweisen den Schrein als Werk der Romanik. Die Bögen und die Säulchen zwischen den Figuren sind in aufwendigster Emailtechnik ihrer Zeit hergestellt. Rund tausend verschiedene Steine und Perlen erhöhen den Glanz – auch den historischen. Denn weit über dreihundert der Edel- und Halbedelsteine sind antike Gemmen und Kameen, also geschnitzte, mit Figurenwerk versehene Steine aus dem 1. bis 3. Jahrhundert. Die Hälfte von ihnen wurde allerdings 1961–73 neu erworben.

„Königin" Salomon

Sagen Sie mal … warum sind da oben keine Bilder?

Ursprünglich waren die Chorumgangsfenster bis auf das Ältere Bibelfenster komplett mit Ornamenten gestaltet. Der Chor sollte ursprünglich nur der Domgeistlichkeit zugänglich sein. Mit der Überführung der drei Könige in den Chor wurden aber nun auch die Laien eingelassen. Der Dom zeigte sich von seiner besten Seite: Für die Pilger aus aller Welt setzte man ab 1320 in die unteren Fensterzonen Figurenbilder, vor allem Bilder Kölner Heiliger ein.

Moses mit zwei Tafeln wiedergegeben, auf denen allerdings nicht die Zehn Gebote, sondern der Anfang des Schöpfungsberichtes steht: „IN PRINCIPIO CREAVIT DEUS CAELUM ET TERRAM". König Salomon erscheint, mittig auf der Nordseite, mit angedeutetem Busen als weibliche Gestalt. Er verkörpert die *Sapientia*, die Weisheit des göttlichen Plans.

An den Langseiten oben sind je sechs Apostel und in der Zeilenmitte ein Engel. Die vertieften Dachfelder waren ehemals mit Emailplatten versehen, die unten Szenen aus dem Leben Jesu darstellten (Neues Testament), während die oberen gemäß der Geheimen Offenbarung (Apokalypse) sich bis zum Jüngsten Gericht fortsetzten. Damit war im ehemals vollständigen Programm der komplette Heilszeitraum vom Beginn bis zum Ende der Welt repräsentiert. Schon quantitativ war die Hauptperson in diesem Geschehen Jesus, der ursprünglich an die dreißig Mal am Sarkophag gezeigt wurde. Das ist insofern erstaunlich, da Reliquienschreine sich in der Regel umfassend mit der Geschichte der in ihnen Bestatteten befassen. Allein an der Rückseite ist Christus dreimal dargestellt: unten links Christus an der Geißelsäule, unten rechts die Kreuzigung und oben im Giebelfeld Christus mit Krone und bekleidet mit antiker Cäsarentoga, zwei Heilige segnend (die ebenfalls im Schrein bestatteten Soldaten-Heiligen Felix und Nabor, die im Dienst der Mutter des römischen Kaisers Konstantin des Großen, der heiligen Helena standen). In Verbindung mit der Darstellung des Allherrschers Christus auf dem gegenüberliegenden Giebel der Stirnseite ist der Sinn dieser Darstellungen klar: Christus ist Kaiser, König aller Könige. Die Heiligen Drei Könige waren seine ersten weltlichen Stellvertreter, die ersten christlichen Könige der Weltgeschichte. So wurde es von Köln aus im Mittelalter propagiert. Vergleichbar einem Computer-Link bezog sich die Dreikönigsverehrung in Köln immer auf Christus. Wer die Heiligen Drei Könige verehrte, „switchte" betend zu Christus, meinte ihn als den eigentlich Mächtigen, den die Weisen wiederum als erste anbeteten. Darin sind sie Vorbilder, Idole. Angesichts dieser Verweisfunktion hat die Frage nach der Echtheit der Reliquien wenig Relevanz. „Dat Dinge deit et ävver", kann man mit dem Kabarettisten Jürgen Becker und Bernd Stankowski sagen.

Dem nachromantisch geläuterten und fürderhin bissigsten Domvollendungskritiker Heinrich Heine galt die Dreikönigenverehrung als komplettes Inbild der von katholischer Kirche und Aristokratie gepflegten Unmündigkeit der Menschen. Im „Wintermärchen" empfiehlt er, die drei Könige zunächst in die Wieder-

Sagen Sie mal ...
was ist denn da drin?
Der Dreikönigenschrein birgt die Gebeine dreier Männer unterschiedlichen Alters. Mit den Gebeinen ehemals verklebte Seidenfragmente weisen auf eine Lebenszeit der Männer im 2. Jahrhundert hin. Seit wann sie als die Heiligen Drei Könige angesehen wurden, ist nicht bekannt. Außer den Dreikönigsreliquien ruhen noch Reliquien der heiligen Felix, Nabor und Gregor von Spoleto im Schrein.

Der mittlere der Heiligen Drei Könige vom Grabmal des Dietrich (gest. 1463) in der Mitte des Chorumgangs. Dietrich von Moers war Mitglied der Dreikönigsbruderschaft und wollte möglichst in der Nähe der drei heiligen Leiber bestattet werden. Die theatralen Gesten dieses Grabmals rühren vielleicht von mittelalterlichen Dreikönigschauspielen her.

täuferkäfige zu Münster zu verbannen. Zum Schluss lässt er die auf dem Schrein feixenden Gerippe im Traum von einem stummen Begleiter mit dem Beil zerschlagen.

Info+ Dreikönigenschrein und -verehrung

Der Dreikönigenschrein ist der Höhepunkt der rheinmaasländischen romanischen Schreinskunst. Er wurde ab circa 1190 in Köln gefertigt. Bis zu seiner Vollendung 1220/25 haben verschiedene Meister an ihm gewirkt. Einer ist namentlich bekannt: Nikolaus von Verdun, der bedeutendste Goldschmiedemeister des Rhein-Maas-Gebietes um 1200. Er dürfte den Gesamtplan der Komposition festgelegt haben. Eigenhändig sind von ihm die Figuren an den Langseiten. Dass Nikolaus am Schrein mitgewirkt hat, ist einmal durch Stilvergleich zu sagen: Die Langseitenfiguren sind sehr ähnlich den Gestaltungen des von Nikolaus geschaffenen Altares in Klosterneuburg bei Wien. Zum anderen wurden die Punzierungen – mit Hämmern gestempelte Ornamente – im Hintergrund der Figuren in Köln und in Klosterneuburg teils mit den gleichen Werkzeugen geschlagen. Da der mittelalterliche Werkstattmeister Eigentümer seiner Produktionsmittel war und sie von Auftragsort

zu Auftragsort mit sich führte, wird auch die gleiche Hand die Punzierhämmer geschwungen haben.

Gerade die Figuren am Dreikönigenschrein stellen Spitzenleistungen der europäischen Goldschmiedekunst dar. Sie wurden aus teils nur 0,3 Millimeter dünnem Gold- oder vergoldeten Silberblech geschlagen. Jede Figur samt Hintergrund besteht aus einem durchgehenden Stück Blech. Solch dünnes Material kann nicht mit senkrecht geführten Hammerschlägen bearbeitet werden. Es entstünden sofort Löcher. Auf ein Lederkissen gelegt, werden auf das dünne Blech recht schnelle und schräge Hammerschlägen geführt. Von der Mitte her werden die Aufwerfungen eher schiebend denn schlagend hervorgebracht, gewissermaßen „aus der hohlen Hand". Nikolaus hat diese Kunst des Treibens von weichem Edelmetall seinerzeit perfektioniert. Noch dünneres Blech für noch differenziertere Gestaltungen der immerhin recht großen, 20 bis 25 Zentimeter hohen Figuren ist nicht zu verwenden.

In der Vergangenheit war Köln mit dem Dreikönigenschrein einer der wichtigsten Wallfahrtsorte der Christen neben Jerusalem, Rom oder Santiago de Compostela. Aus ganz Europa kamen Menschen zum Grab der ersten Christen im Dom. Berühmt waren die ungarischen Wallfahrer, die alle sieben Jahre eine 62 Pfund schwere Kerze stifteten - im „dunklen" Mittelalter ein großartiges Geschenk. Durch eine Öffnung am Schrein ließen Pilger Gebetszettel oder Rosenkränze an die Gebeine reichen. Das Heil der Heiligen kam so zu ihnen. Der deutsche König Otto IV. stiftete um 1200 die aus reinem Gold gefertigte Stirnseite des Schreines. In der unteren Zone links ließ sich Otto als Vierter im Bunde hinter den heiligen drei darstellen. Denn: Die deutschen Könige

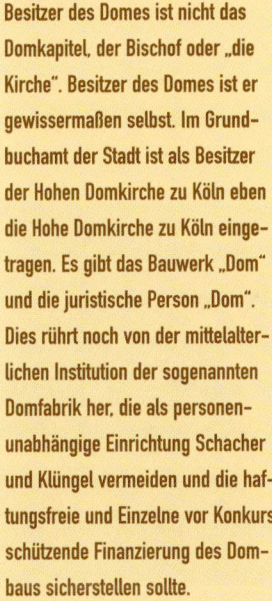

Sagen Sie mal … wem gehört denn eigentlich der Dom?

Besitzer des Domes ist nicht das Domkapitel, der Bischof oder „die Kirche". Besitzer des Domes ist er gewissermaßen selbst. Im Grundbuchamt der Stadt ist als Besitzer der Hohen Domkirche zu Köln eben die Hohe Domkirche zu Köln eingetragen. Es gibt das Bauwerk „Dom" und die juristische Person „Dom". Dies rührt noch von der mittelalterlichen Institution der sogenannten Domfabrik her, die als personenunabhängige Einrichtung Schacher und Klüngel vermeiden und die haftungsfreie und Einzelne vor Konkurs schützende Finanzierung des Dombaus sicherstellen sollte.

Die Kreuzigung von Barthel Bruyn dem Älteren (um 1550) befindet sich am nördlichen Gittereingang zum Binnenchor. Ganz renaissancehaft und nicht mehr mittelalterlich ist die athletische Gestalt Jesu und barock die Drehung und Herausnahme des Kreuzes aus der Mittelachse.

des Mittelalters verstanden sich als legitime Nachfolger dieser ersten christlichen Könige der Weltgeschichte. Häufig kamen jene nach ihrer Krönung nach Köln und legten Gaben am Schrein nieder. Im Jahr des Weltjugendtages in Köln 2005 stiftete Joachim Kardinal Meisner eine alljährlich hundert Tage vor dem Dreikönigstag stattfindende neue Domwallfahrt.

VIP-Lounge

Der **Binnenchor** ist nur mit einer Führung zu betreten. Der Besucher gelangt in einen Bereich, der über Jahrhunderte Personen, die nicht dem geistlichen oder dem Adelsstand angehörten, verschlossen war. Hier ist die durchgehende Lichtwand der gotischen Architektur besonders gut erlebbar. „Um das Chor flammt die Glut von Edelstein und Karfunkel", befand die deutsche Schriftstellerin Ricarda Huch.

Im Binnenchor traf sich das Kölner Domkapitel zum Chorgebet, vergleichbar den Mönchen eines Klosters. Das Kölner Domkapitel war im Mittelalter eine hochadlige, illustre Gesellschaft. Bis zur Säkularisation waren sogar Papst und Kaiser „natürliche" Mitglieder. Wenn auch im Mittelalter keiner der Päpste auch nur ein einziges Mal am Kapitelgebet teilgenommen hatte, so wurden ihnen und den Kaisern in den hinteren Reihen des zwischen 1308 und 1311 geschaffenen **Chorgestühls** doch immer Plätze reserviert.

Vom hohen Rang des Kölner Domkapitels zeugt bis heute auch die übrige Ausstattung des Kapitelchors. Die Trennwände hinter dem Chorgestühl, die **Chorschranken** (1332–40), sind mit Malereien ausgestattet, die eine Einordnung der Kölner Kirche in den historischen Gesamtprozess dokumentieren. In den Hauptbildfeldern sind die Legenden verschiedener im Dom verehrter Heiliger dargestellt, etwa die der beiden Patrone Petrus und Maria. Unter den Hauptbildfeldern sind auf der „Kaiserseite" im Süden die römischen Kaiser von Caesar bis zu den deutschen Herrschern des Mittelalters aufgereiht. Auf der „Papstseite" im Norden beginnt nun unter der Petrusvita nicht, wie man vermuten könnte, die Reihe der Oberhäupter der römischen Kirche. Hier werden die Kölner Bischöfe vom spätantiken Maternus ebenfalls bis zu denen des 14. Jahrhunderts aufgeführt. Diese Rangstellung der Kölner Bischöfe, vergleichbar der der Päpste, wurde mit der Gründungslegende des Kölner Bistums gerechtfertigt. Petrus soll seinen Schüler Maternus zum ersten Bischof von Köln eingesetzt haben. Damit konnten die Kölner Bischöfe wie die Bischöfe von Rom, also die Päpste, für sich reklamieren, dass sie Nachfolger Petri seien. Historisch sicher nicht korrekt, denn Petrus wäre demnach dreihundert Jahre alt geworden. Maternus ist der früheste uns bekannte Kölner Bischof. Historisch nachweisbar ist er für die Jahre 313 und 314.

Mit 104 Plätzen ist das Kölner Chorgestühl das größte in Deutschland. Im reichen Schnitzwerk werden positive und negative Aspekte des menschlichen Lebens sowie Bibelszenen dargestellt. Auf diesem Knauf sitzen ein Mann und eine Frau Rücken an Rücken. Während sie sorgenvoll ihr Gesicht in die Hand legt, streicht er sich gedankenverloren den Bart. Nach scholastischer Denkweise bedeutet dies, dass der Mensch mit Hilfe von Reue, Einsicht und Buße die Vergebung seiner Sünden erlangen kann.

An den Chorpfeilern sind die schlanken **Figuren der zwölf Apostel,** an den Mittelpfeilern Jesus und Maria angebracht. Die der Mailänder Madonna vergleichbare Haltung der Figuren oder die Faltenwürfe ihrer Gewänder weisen sie ebenfalls für eine Zeit um 1280/90 aus. Ihre Anbringung an den Chorpfeilern entspricht der mittelalterlichen Auffassung, dass die Pfeiler und

Säulen einer Kirche immer auch die Heiligen als die „Stützen der Kirche" symbolisieren. Diese Auffassung lebt im katholischen Raum bis heute in den Apostelkreuzen an den Kirchinnenwänden fort.

Zu den größten Schätzen des Domes zählen die **Obergadenfenster des Chores,** die sogenannten Königsfenster. Diese fast 18 Meter hohen Fenster bestehen pro Bahn aus circa 4000 Einzelscheiben. Der Glasbestand ist zu fast hundert Prozent original aus der Zeit vor 1311. Damit ist dies der größte vollständig erhaltene Glasfensterzyklus des 14. Jahrhunderts. Wer die königlichen Gestalten in den unteren Fensterzonen sind, ist nicht sicher zu sagen. Gewiss sind im Achsfenster die Heiligen Drei Könige dargestellt. Ihnen folgen auf beiden Seiten abwechselnd je zwölf junge und, mit Bart, zwölf alte Könige. Vielleicht sind es die jungen Könige von Juda aus dem Beginn der Geschichte des erwählten Volkes Israel und die vierundzwanzig Ältesten der Apokalypse, eine Art Senat, der Christus gemäß der Geheimen Offenbarung beim Jüngsten Gericht beistehen soll. Wer auch immer: Offenkundig wollte man eine

„Und wenn zu dreien der vierte wär', / so wär ein heil'ger Dreikönig mehr." (Goethe) Jedes Jahr findet im Kölner Dom die Aussendung der Sternsinger im Erzbistums statt. Bei so viel ehrenamtlichem Engagement der Jungen und Mädchen ist wohl eine Erholungspause erlaubt.

Linke Seite:
Installation „Licht Raum Dom", 2004

Sagen Sie mal … sind das Mosaike?
Über den Chorbögen, in den Arkadenzwickeln sind Engel gemalt. Sie wurden 1843–1846 von Eduard Steinle gestaltet. Der Hintergrund, der wie Goldmosaik wirkt, besteht aus gestempeltem und mit Blattgold überzogenem Putz.

Die Hochchorfenster von circa 1310

Parallele zwischen diesen Himmelsbewohnern oben
und dem unten versammelten, real gegenwärtigen
Domkapitel schaffen. Denn die Gesamtzahl der Könige oben entspricht genau der des mittelalterlichen
Domkapitels: 51.

Eine kölsche Lösung

Der Kölner Dom besitzt die umfangreichste gotische Kathedralchorausstattung Europas. Dazu
zählt auch der **Hochaltar**. Dieser ehemals wichtigste
Altar des Domes mit der über 4,50 Meter breiten
Mensa stellte die Liturgiker im Mittelalter vor ein ge-
wichtiges Problem. Der Alte Dom aus dem 9. Jahr-

hundert besaß im Westen wie im Osten je einen Hochaltar. Der westliche war Petrus geweiht, der östliche Maria. Im gotischen Dom mit der Turmfront im Westen gibt es aber nur einen Hochaltar. Dieser Altar musste Petrus, dem Hauptpatron, geweiht werden.

Altar- oder Kirchenpatrozinien werden aber im Mittelalter nicht einfach so aufgegeben. Sie werden von einem abgerissenen Altbau auf den Neubau einer Kirche übertragen. Auf die Weise konnte der mittelalterliche Mensch selbst von einem bis auf den letzten Stein abgerissenen Kirchbau sagen, dass er im Wesentlichen immer noch existiere. Das Wesentliche nämlich waren die „Besitzverhältnisse": Der oder die Heilige, auf den eine Kirche geweiht wurde, ist ihr Eigentümer. Was also tun mit Maria, der Patronin aus dem Osten des Alten Domes?

Der heute wichtigste Altar steht mitten in der Vierung. Er wurde wie auch die Standleuchter 1960–1971 von Elmar Hillebrand in Bronzeguss geschaffen. Als echter Volksaltar steht er nah bei den Bänken. Die petrolfarbenen Teppiche kamen 2007 in den Dom. Sie sind von Hans Herpich.

Die Nordostecke des mittelalterlichen Hochaltares. Er wurde 1322 von Erzbischof Heinrich von Virneburg geweiht. Die aus weißem Carraramarmor gestalteten Arkaden und Figuren sind aber nur noch an der Vorderseite original. Im Barock wurde im Zuge der Umgestaltung des Altares der Schmuck an den anderen Seiten entfernt. Um 1900, als man wiederum das Barock nicht litt, wurde der Altar regotisiert. Bildhauer Alexander Iven schuf Arkaden und Figuren neu. Auf die bunte Bemalung, die sie im Mittelalter hatten, wurde aber verzichtet.

Nun, zum einen ist der östlichste Altar des Domes, in der Achskapelle, ein Marienaltar. Zum anderen ist der Hochaltar zwar Petrus geweiht. Aber die aus antikem Carraramarmor gefertigten Figuren am Unterbau des Altares zeigen in zentraler Position Marienszenen, so eine Marienkrönung an der Westseite. Damit gab es nun marianische Blickfänge an einem Petrusaltar, und die Ostpatronin des Alten Domes wurde nicht unterschlagen.

Zeig mir, wo die Sterne stehn

Wer im Chor seinen Kopf einmal ganz in den Nacken legt, entdeckt an den Gewölben mit Goldlack überzogene Blechsterne. Sie deuten ganz schlicht die Gewölbe als Abbild des Himmels. An diesen Sternen kann man sich bei der Frage orientieren, welche Teile des Domes denn aus dem Mittelalter stammen und welche dem 19. Jahrhundert angehören. Mittelalterlich bis zum Dach erbaut wurden nämlich, mit Ausnahme zweier Joche, eigentlich nur die Partien, an denen solche Sterne zu sehen sind. Wo keine Sterne „leuchten", und das betrifft bereits Vierungs- und Querhausmittelschiffjoche und dann das komplette Langhaus bis zu den Türmen im Westen, dort ist der Kölner Dom zu Dreiviertel ein Werk des 19. Jahrhunderts. Das ist auch an der Farbe der für den Bau verwendeten Steine zu erkennen. Die Langhauspfeiler sind im unteren Drittel deutlich heller. Diese helleren, unteren Partien bestehen aus Drachenfelser Trachyt, dem im Mittelalter bevorzugten Stein. Die etwas dunkleren, oberen Partien sind aus dem im 19. Jahrhundert gern verwendeten, aber leider sehr verwitterungsanfälligen Schlaitdorfer Sandstein gebaut.

Gewölbesterne im Chorhaupt. Zwei Drittel der Hochchorfenster sind ornamental. Die einzelnen, in einem Netz aus Bleiruten mosaikartig zusammengesetzten Scheiben sind weniger bemaltes Glas. Bei mittelalterlicher Buntverglasung von „Glasmalerei" zu sprechen, ist meist falsch. Mit Metalloxiden wird der Glasschmelz durchgefärbt. So ergibt beispielsweise Eisenoxid (Rost) Rot. Diese Scheiben können nicht ausbleichen. Sie bewahren unter Schmutz und Wetterstein (eine witterungsbedingte Oberflächenveränderung von Glas) ihre Farbkraft über Jahrhunderte.

An dieser Baunaht ist, mit einer gewissen Verein-
fachung, aber dafür sehr plastisch, zu sehen, wie weit
der Dombau im Mittelalter gediehen war. Der Chor
also ist der einzige im Mittelalter vollendete Bauteil.
Im Westen war er vollständig bis unter die Decke
abgemauert, damit es nicht hineinregnete. Über
Jahrhunderte war der Chor gewissermaßen ein für
sich bestehendes Kirchengebäude. Westlich davon
klaffte eine große Lücke. Pfeilerreihen
und Außenwände waren provisorisch
mit Holzdächern gedeckt, so dass man
diesen Teil des Domes gelegentlich nut-
zen konnte. So wurde innerhalb der
südlichen Seitenschiffe 1389 der Grün-
dungsgottesdienst der Kölner Universität gefeiert. Dieser Bereich besaß aber
nur ein Viertel der Höhe des vollendeten Chores. Nun, und ganz im Westen
stand der nur zu einem Drittel seiner
Gesamthöhe errichtete, steile und durch
die schwarze Färbung etwas kariös wir-
kende Stumpf des Südturmes.

Haupt-Blut-und-Bein zu Holz geschönt
Margot Scharpenberg, 1980

Mehr als in den anderen Kapellen
des Domes findet man in der
Kreuzkapelle einen Ort des Totengeden-
kens. An der Naht zum Chorumgang
ruhen zwei weitere Bischöfe, ihre Tum-
ben entstammen dem 14. Jahrhundert.
Die Liegefigur auf dem **Grab Wilhelm**

von Genneps im östlichen Teil der Kapelle wurde aus dem Schaft einer antiken Marmorsäule gemeißelt. Offenkundig war damals noch genügend römische Bausubstanz in Köln vorhanden, die als kostbares Material wieder verwendet werden konnte.

An den Wänden sind mehrere, teils sehr große Grabmäler angebracht, dazu eins der bedeutendsten mittelalterlichen juristischen Dokumente Kölns, das steinerne **Judenprivileg** Bischof Engelberts II. Bischof Engelbert garantiert in der gemeißelten Inschrift den Kölner Juden das ungehinderte Begräbnis ihrer Toten auf Friedhöfen außerhalb der Stadt. Damit war sozusagen eine Zollfreiheit für jüdische Tote garantiert. Den Juden war es zuvor von der Stadt verboten worden, ihre Verstorbenen innerhalb der Stadtmauern zu bestatten. Die patrizische Oberschicht Kölns hatte ihnen obendrein noch Abgaben für die Überführungen auferlegen wollen.

Die von Heribert Neuß 1665 geschaffene Grabmalsfigur des Erzbischofs Engelbert I. von Berg (ermordet 1225) zeigt den Verstorbenen in lebenszugewandter Haltung. Wer im christlichen Glauben stirbt, lebt ewig: Ein Engel fasst den Bischof bei der Hand und bietet ihm Geleit ins Paradies.

Engelbert von Berg hatte nachweislich als erster einen neuen Dombau zum Vorschlag gebracht: als Grabeskirche für die Heiligen Drei Könige. Wären die Pläne zur Ausführung gekommen, so hätte Köln statt eines gotischen Domes wahrscheinlich einen spätromanischen.

Auch byzantinische Einflüsse haben auf das Gerokreuz gewirkt: Erzbischof Gero hatte im Auftrag Kaiser Ottos des Großen am Hofe des oströmischen Kaisers in Byzanz um eine Braut für den Thronfolger ersucht. Theophanou war zwar „nur" eine Nichte, nicht Tochter des Kaisers, aber sie und der junge Otto waren in ihrer „politischen" Ehe wohl aufrichtig einander zugeneigt.

Über der Sakristeitür ist das **Epitaph des Kölner Domherrn Heinrich Mehring.** Mehring hatte 1683 die erhaltene Altarrahmung aus antikisierender Ädikula und die Strahlenmandorla für das an der Stirnseite der Kapelle befindliche Gerokreuz gestiftet. Sein Brustbildnis ist auf das Kruzifix ausgerichtet.

Ebenso wendet sich die ritterliche Gestalt aus dem Ende des 15. Jahrhunderts rechts oberhalb der Sakristeitür in ewiger Anbetung an den Gekreuzigten. „Wie sollen wir Toten erstehn?", scheint er mit den Worten Margot Scharpenbergs zu bitten, zu hoffen. Das **Gerokreuz,** benannt nach seinem Stifter Erzbischof Gero (gest. 976), gibt Antwort. In einer ihm eigenen Doppelheit vereint es eine realistische Darstellung des soeben versterbenden Menschen Jesus am Kreuz (sinkender Kopf und Lider, absackender Körper und vom Gewicht gespannte Oberarmsehnen) mit der idealisierten Darstellung des Gottes Christus (Entspanntheit der Züge und scheinbare Unversehrtheit des Leibes). Ein Blick auf die gemalte Kreuzigungsgruppe des 15. Jahrhunderts mit der ausgemergelten Gestalt Jesu links neben der Sakristeitür macht den Unterschied deutlich.

Untersuchungen des Eichenstammholzes, aus dem das Ge-

rokreuz geschaffen wurde, haben recht sicher eine Entstehungszeit zwischen 970 und 975 erkennen lassen. Ältere nachweisbare Bildwerke zeigen Jesus als Auferstandenen mit geöffneten Augen. Damit ist das Gerokreuz die älteste uns bekannte Darstellung des toten Jesus am Kreuz und zudem, neben einem Kruzifix aus Schaftlach (Bayern), die älteste datierbare monumentale Kreuzplastik Europas seit der Antike. Vor über tausend Jahren hatte es sich im Halbdunkel in der Mitte des Alten Domes befunden. Für manche Bewohner aus der Umgebung Kölns war es vielleicht das einzige Großbild, das sie je zu Gesicht bekamen: Ein junger Mann am Kreuz, von ihrer eigenen Größe und Statur, der aber auf nicht menschliche Weise diesem unmenschlichen Tod am Kreuz ergeben schien. Sie sahen den Mann, von dem ihnen die Theologen berichteten, dass er ihnen durch sei-

Die 1277 geweihte Sakramentskapelle ist mit ihren Glasfenstern aus dem ehemaligen Kreuzgang von St. Cäcilien (heute Museum Schnütgen) von etwa 1460–70, dem delikaten Sakramentshaus gleicher Zeit oder dem barocken Antoniusaltar ein wahres Kleinod des Domes. Man sollte die Kapelle aber nur zum Gebet, nicht zur Besichtigung aufsuchen. Denn hier wird das Allerheiligste bewahrt. Der Ort dient ausschließlich der Anbetung.

nen Tod das ewige Leben zugesichert habe. Das Bild muss damals eine für uns kaum noch nachvollziehbare Wirkung ausgeübt haben. Die ungeheure Kraft des Kruzifixes lässt sich schon daran ablesen, dass noch über hundert Jahre nach seiner Entstehung die Darstellungen des Gekreuzigten im Großraum Köln eindeutig das Gerokreuz zum Vorbild hatten. In diesem Sinne war es schon im hohen Mittelalter ein Klassiker.

Schatzsuche

Von der Kreuzkapelle aus gelangt man rasch durch die ehemalige spätgotische Vorhalle im Nordquerhaus zur Schatzkammer des Domes. Auf

Papst Gregor und die das Magnificat, den Lobpreis des Herrn anstimmende Maria in Heckers Gewölbemalerei

dem Weg dorthin sollte man jedoch noch einen Blick auf das schöne **Epitaph des Dombaumeisters Konrad Kuene** (Dombaumeister 1445–1469) am gotischen Pfeiler unterhalb der Orgelempore werfen. Auch die von Peter Hecker 1964 geschaffenen **Malereien an den Emporengewölben** sind sehenswert, wenn auch nicht alle die modernen Malereien passend im Dom finden. Hecker zeigt in

expressiver Farbstimmung das Lamm Gottes umgeben von den Evangelistensymbolen (Löwe = Markus, Stier = Lukas, Adler = Johannes, Engel = Matthäus) sowie Personen, die mit der liturgischen Musik in Zusammenhang stehen: König David mit der Harfe oder Papst Gregor, den Begründer des gregorianischen Chorgesangs.

Unterhalb der Empore befindet sich auch der Zugang zur **Krypta**. Über eine ansprechende, von Dombaumeister Arnold Wolff entworfene Treppe mit steinernem Handlauf und inkrustiertem Labyrinth auf dem Absatz gelangt man in den 1960 gestalteten, unterirdischen Raum. Durch ein schmiedeeisernes Gitter kann der Besucher in die mild beleuchtete Gruft schauen. An den Wänden sind mit Messinglettern die Namen, Lebens- und Amtsdaten der hier Bestatteten geschrieben. Eine frühere Krypta gab es nicht im Dom. Denn Krypten sind ursprünglich Grablegen. In gotischer Zeit präsentierte man jedoch die verehrten Heiligen in den überirdischen Kirchenräumen. So wurde für die Dreikönigsreliquien im Mittelalter in Köln erst gar keine Krypta gebaut.

Die Stuckdecke der Domkrypta schuf Erlefried Hoppe, die schmiedeeisernen Gitter sind von Paul Nagel. Die Messinginschriften an den Wänden erinnern auch an die Kölner Bischöfe des 19. und frühen 20. Jahrhunderts, die ursprünglich im Boden des Langchores bestattet wurden. Die Basalt-Tuff-Wand im Rückteil der Krypta ist das ehemalige Fundament der mittelalterlichen Trennwand, die bis 1863 den unvollendeten Dom nach Westen zwischen den Vierungspfeilern abschloss.

Des Goldes wert

Vorherige Doppelseite:
Krümme des gotischen Bischofs-
stabes von etwa 1320 und der Griff
des Kölner Kurschwertes

Die Domschatz-
kammer

Auf dem Weg zur Domschatzkammer

Schatzkammer

A ls Ende des vergangenen Jahrtausends die Pläne für eine neue Domschatzkammer bekannt wurden, titulierte eine Kölner Tageszeitung, ob denn ein Würfel vor dem Kölner Dom stehen dürfe. Die Pläne sahen für den überirdischen Teil einen unmittelbar vor die gotische Sakramentskapelle platzierten Kubus vor. Schuppig mit Bronzeplatten verkleidet sollte er seine moderne Herkunft in keiner Weise verleugnen. Hier war bewusst gegen eine Neuaufnahme der Neugotik entschieden worden. Dennoch sollten mit dem Bau historische Bezüge hergestellt werden. Denn an der Stelle des Solidität und Sicherheit ausstrahlenden Bronzetresors war schon vom 13. Jahrhundert an der Domschatz in einem gotischen Kleinbau bewahrt worden – bis zu dessen Abriss 1867. Größe und Standort dieses mittelalterlichen Schatzkammerbaus entsprachen in etwa dem geplanten und bis 2000 realisierten Würfel.

Das Heil der Heiligen

Der „Würfel vor dem Dom", der einzige überirdisch eingerichtete Baukörper des Schatzhauses, birgt die **Heiltumskammer**. Hier sind die Dinge vereint, die ehemals den eigentlichen Schatz einer Kirche oder einer gläubigen christlichen Gemeinschaft ausmachten, nämlich die Reliquien. In den um 1300 entstandenen Maßwerkschränken an der Wand befinden sich in gewebte und bestickte Bänder und Tücher gehüllt ungefähr hundertfünfzig Schädelreliquien. Die meisten dürften einen kleinen Prozentsatz Gebein aus dem Kreis der 11000 Jungfrauen der heiligen Ursula darstellen. Ganz ähnlich waren in der Vergangenheit die Chorwände vieler Kölner Kirchen ausgestaltet. Köln – außer Jerusalem und Rom die einzige Stadt des Westens, die das Prädikat des Heiligen („Sancta Colonia") tragen durfte – hatte immer seinen enormen Schatz an Reliquien gezeigt. Damit wiesen sich Stadt und Kirche Kölns als reich beschenkte, reich beschützte und reich das Heil der Heiligen verbreitende Begünstigte aus. Reliquien waren harte Währung im Umgang mit dem Göttlichen, auch in geldlicher Hinsicht. So wurden Ursulareliquien, das quantitativ größte Heilskapital Kölns, als Exportartikel in ganz Christlich-Europa, bis nach Kiew in der Ukraine exportiert.

Der „Würfel vor dem Dom" bietet den einzigen Tageslichtblick nach draußen. Durch das gut 20 Zentimeter dicke Panzerglas sieht man ohne Trübung das Querhausstrebewerk.

Katholisch und apostolisch

**Sagen Sie mal ...
war der so klein?**

Der Engelbertschrein misst gerade
123,5 Zentimeter in der Länge.
Engelbert war ein normal gewach-
sener Mann. Im Schrein befinden
sich die in Tücher gehüllten Gebeine.
Die wurden nicht „anatomisch
korrekt", sondern in einzelnen
Paketen dort ausgelegt.

Engel flankieren Engelbert auf dem
Sargdeckel. An den Ecken sitzen die
Evangelisten. Die silbernen Relief-
tafeln zu den Seiten berichten vom
Leben, Sterben und Wirken des
Heiligen nach seinem Tod.

Im Zentrum der Heiltumskammer steht der barocke
Engelbertschrein. Erzbischof Engelbert von Berg
wurde 1225 ermordet und bald schon unter seinem
Nachfolger Heinrich von Molenark als Heiliger und
Märtyrer verehrt. Den Schrein schuf man allerdings
erst vierhundert Jahre später. Engelbert hatte nach
seinem Tod eine Art Beförderung erfahren. Er wurde
in der Zeit des Dreißigjährigen Krieges zum Schutz-
patron der katholischen Parteiungen erwählt. Unter
Anteilnahme einer Vielzahl katholischer Fürsten des
Reiches wurden Schrein und Gebein 1633 in den
Dom überführt. Ab 1636 stand er an Stelle der erz-
bischöflichen Kathedra hinter dem Hochaltar.
Heutzutage wird der Engelbertschrein alljährlich am
7. November, dem Todestag des Bischofs, in der ihm
geweihten Kapelle im Dom aufgestellt. Diese Praxis

der Aussetzung der Gebeine ist ganz im Sinne der Eigentümer des Domschatzes. Das Metropolitan-kapitel Kölns möchte sicherstellen, dass die Schätze des Domes nicht bloß museale Objekte sind, sondern dass sie tunlichst weiter als kulti-sche Gegenstände genutzt werden. Am Engelbertschrein sind samt der Liegefigur des Bischofs auf dem De-ckel insgesamt zwölf heilige Kölner Bischöfe in vergoldeten Silberguss-

arbeiten dargestellt. Wem bei dieser Zahl die zwölf Apostel in den Sinn kommen, der liegt ganz richtig. Die Zwölfzahl heiliger Kölner Bischöfe wurde als Indiz angesehen, dass Kölns Episkopat tatsächlich in apostolischer Nachfolge stünde. Von Seiten Roms wurde das übrigens durchaus akzeptiert. Die Päpste bezeichneten die Kölner Kirche immer mal wieder als ihre vornehmste Tochter. Belege dafür befinden sich ebenfalls hier in der Heiltumskammer: **Stab und Ketten Petri.**

Diese Reliquien befinden sich in einer der Seiten-vitrinen. Der Petrusstab ist sicherlich nicht vor 300 entstanden. Er kann daher wohl nicht Petrus gehört haben, der mit ihm wundersam den Kölner Bischof Maternus zum Leben wiedererweckt haben soll. Dieser Stab wurde aber zusammen mit den drei Ket-tengliedern in der daneben aufgestellten Reliquien-monstranz von Bischof Bruno, dem Bruder Ottos des Großen, als Gründungsbestand des Domschatzes um 960 nach Köln geführt. Die Kettenglieder, eine römi-sche Schmiedearbeit, sind Teile der „Petrusketten". Mit diesen Ketten soll Petrus vor seinem Kreuzestod in einem Kerker Roms gefangen gehalten worden

Barockes Teamwork: Jeremias Geisselbrunn entwarf die Skulpturen des Engelbertschreins, Augustin Braun die Reliefs und in der Werk-statt Conrad Duisberghs wurde alles ausgeführt. Ganz sicher kann man sich beim Inhalt des Schreines sein. Es sind die sterblichen Überreste des Engelbert I. von Berg. Auch die Nachricht über dessen äußerst bru-tale Ermordung stimmt. Ein Ge-richtsmediziner hat vor einer Reihe von Jahren an die fünfzig tiefe Hieb- und Stichverletzungen am Knochen-gerüst festgestellt. Die Ermordung Engelberts war seinerzeit ein solches Kapitalverbrechen, dass Kaiser und Papst die strengste Bestrafung seiner Mörder forderten. Die erfolgte auch.

sein. Die Päpste bewahren sie in der stadtrömischen Kirche San Pietro in Vinculi bis heute auf – als ein wichtiges Unterpfand, dass *sie* Nachfolger Petri seien. In 2000 Jahren Kirchengeschichte ist Bischof Bruno der einzige, der maßgebliche Teile dieser Ketten zum Geschenk erhielt, und das hieß ganz deutlich: Rom bescheinigte, dass auch der Kölner Bischof sich auf Petrus als Begründer seines Bistums berufen dürfe.

Blick durch die Schatzkammer im Mittelgeschoss. Im Hintergrund Bischofsstäbe aus der Zeit um 1900, rechts davon Kelche und Monstranzen des Barock und Rokoko, also 17. und 18. Jahrhundert. In einer der vorderen Vitrine sind zwei der sehr wenigen erhaltenen Vorsängerstäbe zu sehen. Mit diesen Stäben gab der Kantor des Domes den Takt an und trug sie als Würdezeichen. Der linke Stab stammt von 1178 und war mindestens 200 Jahre in Gebrauch, denn die Heiligen Drei Könige auf der Gabel des Stabes sind eine Ergänzung von 1350/60. Er war für Festtage bestimmt, während bei „Werktagsgottesdiensten" der schlichtere Stab rechts (um 1200) benutzt wurde.

Jefrings, nit jekläut

Über ein vornehmes, in Anthrazit-Tönen gehaltenes Treppenhaus gelangt der Besucher in das Mittelgeschoss der Schatzkammer. In dem hohen Gewölberaum sind vor allem liturgische Geräte (Kelche, Weihwasserkessel, Weihrauchfässer, Altarkreuze etc.) von der Romanik bis zum Barock ausgestellt; des Weiteren aber auch Insignien – Würdezeichen, wie Bischofsstäbe oder Bischofsringe.

Diese Gegenstände sind ebenfalls teilweise noch in Gebrauch, so eine der Sonne ähnlich gestaltete **Strahlenmonstranz** aus dem 18. Jahrhundert. Die Form einer solchen Monstranz verbildlicht das Wort Christi, er sei das Licht der Welt. In dieser Monstranz wird regelmäßig zur großen Fronleichnamsprozession des Domes das Allerheiligste mitgeführt. Der schlichte, von Hildegard Domizlaff geschaffene **Stab** für **Josef Kardinal Frings** ist ebenso gelegentlich nicht in der Vitrine mit den Bischofsinsignien. Vor Jahren war ein Messdiener beim Pontifikalamt mit Erzbischof Meisners Stab gestürzt. Der Stab wurde beschädigt und für die Zeit der Reparatur hatte sich Meisner den Stab von Frings erbeten. Oder ein afrikanischer Bischof besuchte einmal Köln und hatte seinen Stab wegen Sperrigkeit nicht mit ins Fluggepäck nehmen können. Auch da wurde „gefringst" und ein Platzhalterkärtchen vermeldete: „Zur Benutzung im Dom".

In einer weiteren Vitrine ist neben einem gotischen **Bischofsstab**, der vermutlich für die Feier der Chorweihe im Dom erstmalig genutzt wurde, das **Kölner Kurschwert** ausgestellt. Die Bischöfe Kölns waren vom 14. Jahrhundert bis zur Auflösung des Heiligen Römischen Reiches Deutscher Nation zur Zeit Napoleons immer auch einer der sieben Kurfürsten. Das heißt, sie gehörten zu den sieben „starken Männern", die die Könige wählten. Zum Zeichen dieser politischen Würde durfte der Kölner Bischof das Ende des 15. Jahrhunderts geschaffene Schwert in der prunkvollen, reich ziselierten Scheide führen. Es wurde ihm beim Einritt in die Stadt vorangetragen oder neben ihm bei der Totenbahrung aufgepflanzt.

In Wahrheit liegt der Wein ...?

Hier, im Zwischengeschoss der Schatzkammer kann man weit in die Frühgeschichte des Dombaus und sogar Kölns eintauchen. Viele Besucher werden still, wenn sie den Gewölberaum betreten, denn er erinnert sie an eine Kapelle. Doch er ist ein profaner Raum, ursprünglich einfachster Nutzung.

Altarkreuz von Gabriel Grupello, um 1717

3

Im Hintergrund das Domfundament
auf der römischen Mauer

An den Säulen, die hier merkwürdig mit dem Kopf-
ende aus dem Boden wachsen (sie stammen vom
Alten Dom und wurden hier wieder verwendet) ist
zu erkennen, dass man sich auf einem Zwischenbo-
den befindet. Der **mittelalterliche Gewölberaum** ist
eigentlich im Innern zehn Meter hoch. Im späten
16. Jahrhundert wurde eine Zwischendecke einge-
fügt. Die Nutzfläche wurde damit verdoppelt um –
vielleicht – bei sicher optimalen Temperaturen
Messwein einzulagern. Bis zum Bau der Domplatte
in den 1960er Jahren war der Raum, damals noch
von außen zugänglich, tatsächlich an eine Wein-
handlung vermietet.

Wer an die den Eingängen gegenüberliegende Wand
geht, befindet sich unmittelbar vor dem Fundament
des Domlangchores und unter der heutigen Sakramentskapelle. Hier ist eine eigentümliche Schichtung des Mauerwerks zu bemerken. Die Fundament-
wand zeigt in der oberen Hälfte eine abwechselnde
Schichtung von dunklem Basalt und hellem Tuff-
stein. In der Art wurden die Fundamente rheinischer

Großbauten etwa ab Mitte des 12. Jahrhunderts gebaut. Der harte Basalt gibt sicheren Halt, die weichen, kleinteiligeren Tufflagen gleichen die Oberflächenunebenheiten des groben Basalts aus. Unbewusst wurden so auch sehr erdbebensichere Fundamente geschaffen. Ähnlich japanischen Kautschukfundamenten federn die weicheren Tufflagen Erdstöße ab.

Hinter den mit Reliquienbüsten und elfenbeinernen Altarkreuzen bestückten Vitrinen liegt jedoch ein ganz anders gestalteter Wandteil. Hier sind gleichmäßige Lagen bergischer Grauwacke sichtbar. Dieser untere Wandteil gehörte einst zur **römischen Stadtmauer Kölns** aus dem 1. bis 3. nachchristlichen Jahrhundert. Als man den Dombau begann, wurde dessen gesamte Nordflanke auf die erhaltenen und damals überirdisch sichtbaren Teile der römischen Stadtbefestigung gesetzt. So wurden Zeit, Geld und Material gespart. Auf diese Weise wuchs Köln an dieser Stelle aber in die Höhe. Und deshalb muss man heute, wenn man vom Hauptbahnhof zum Dom möchte, eine Treppe steigen.

Solcher Mühe sollten die früheren Domherren nicht unterzogen werden. Denn: Die über der Schatzkammer gelegen Sakramentskapelle – im Jahr 1277 vom heiligen Albertus Magnus als Kapitelsaal des Domkollegiums geweiht – hätte alternativ zehn Meter unterhalb des Domniveaus in den ehemaligen römischen Wallgrabens gebaut werden müssen.

Zwei Kronen auf dem Deckel der Prunkmonstranz von 1657/58 symbolisieren Christus und Maria. 1975 wurde sie gestohlen und eingeschmolzen – zum Teil als Material für südosteuropäische Zahnarztpraxen. Unschätzbarer Wert, den mancher nun im Munde trägt. Die Rekonstruktion der Monstranz dauerte fast zehn Jahre.

Den Domherren, Repräsentanten des Hochadels ihrer Zeit, war keinerlei Abstieg, auch nicht der vom Dom in den Kapitelsaal zuzumuten. So wurde der Saal eben „aufgebockt" und auf gleiche Höhe mit dem Dominneren gebracht. Köln erhielt auf diese Weise gut ein Dreivierteljahrtausend später einen der schönsten Schatzräume innerhalb der deutschen Kirchenlandschaft.

Nicht läppisch, noch lapidar: aus Stein

Das Treppenhaus führt weiter ins Untergeschoss. Der Besucher gelangt in einen backsteinernen Gewölberaum, der zum Sakristeianbau des 19. Jahrhunderts gehört. Die dem Eingang gegenüberliegende Wand ist wieder römische Stadtmauer, ein Kanalaustritt der antiken Stadtentwässerung zeigt sich zur Linken. Die Kloake wurde im

Das Treppenhaus ist zwischen den Grundmauern des Domes und den benachbarten Straßen- und U-Bahn-tunneln eingerichtet. Seine Wände wurden mit Gussbetonplatten vornehm verkleidet. Die glänzenden anthrazitfarbenen Platten wurden mit schwarzem Basaltstaub gefärbt und poliert.

Zuge des gotischen Dombaus mit Basaltblöcken verfüllt, damit sie das Gewicht der Kathedrale aufnehmen konnte.

Hier im **Lapidarium** sind **mittelalterliche Skulpturen und Architekturfragmente** des Domes ausgestellt. Der Großteil der Plastiken stammt vom Petersportal, dem rechten Seiteneingang in der Turmfront. Es handelt sich um die vier stehenden Apostel aus den Gewänden und drei der hervorragenden Figuren aus

den Archivolten: ein Prophet, die heilige Katharina von Alexandrien und ein singender und Glocken schwingender Engel. Diese Skulpturen sind nach 1378 entstanden. Sie gehören zum Besten, was es an rheinischer Plastik aus dieser Zeit gibt. Sie wurden teils von Mitgliedern der berühmten Parlerfamilie gefertigt, die in der Kölner Dombauhütte den „Weichen Stil" mit ausbildeten. Dieser, auch der „Schöne Stil" genannt, zeichnet sich durch eine eben weiche, ab 1420 etwas ans Teigige rührende Modellierung von Konturen, Gesichtern, Gewandfalten und Haltungen der Figuren aus. Das ist besonders schön an den geschmeidigen Bewegungen des Glockenschwingers zu erkennen. Am heiligen Petrus, an dem nicht nur typischerweise das Haar, sondern der ganze Mann schütter ist, zeigt sich jedoch leider auch der hohe Verwitterungsgrad der Plastiken.

Die sitzenden Figuren stammen aus den Archivolten des Petersportals. Die heilige Katharina von Alexandrien in der Mitte stellt ihren Fuß auf eine königliche Gestalt. Katharina soll unter Maximian oder dessen Sohn Maxentius um 300 den Märtyrerinnentod erlitten haben. In der Standfestigkeit ihres Glaubens hat sie sich allerdings als mächtiger denn der römische Kaiser erwiesen. Die Unterwerfung einer Person durch Fußaufsetzen ist seit der persischen Hochkultur als Herrschaftsdarstellung bekannt. Hier wird sie im Sinne der christlichen Heiligen umgedeutet.

Zum Golde drängt …

Großer Beliebtheit erfreuen sich die Ausgrabungen unter dem Dom, die nur mit einer von der Dombauverwaltung durchgeführten Besichtigung zu betreten sind. Die Domgrabung besteht seit 1946. Mittlerweile sind rund drei Viertel des Untergrundes ergraben. Bis in die Antike reichen die archäologischen Funde. Die ältesten Bauwerke waren Wohn- und Speicherbauten.

Weibliche Besucherinnen des Domschatzes drängen im Lapidarium oft rasch zu einer mit Goldschmuck bestückten Vitrine. Hier sind die kostbarsten Funde der Domgrabung ausgestellt. 1959 entdeckten die Archäologen unterhalb des heutigen Domchores **zwei Merowingergräber** aus dem frühen 6. Jahrhundert, die es wahrlich „in sich hatten". Das eine war das Grab einer ungefähr 28-jährigen Frau, die mit einem für ihre Zeit ungeheuren Reichtum privaten Schmucks bestattet wurde. Sie war möglicherweise die zweite Gattin des Merowingerkönigs Theudebert, die Langobardin Wisigarde. In jedem Fall gehörte sie zu der sehr kleinen, vielleicht zweihundert Personen umfassenden politischen Klasse, die damals über die Gebiete des heutigen Frankreich und des Rheinlands herrschte. Das andere Grab war das eines etwa sechsjährigen Jungen, wie es Zahnfunde, der kleine Helm und der winzige Siegelring mit der ungravierten Platte nebst beigegebenem Waffenarsenal eines erwachsenen Merowingerkriegers erwiesen.

Diese Grabfunde sind von hoher Bedeutung für die Erforschung des frühen Mittelalters. Über die Zeit vom endgültigen Abzug Roms aus den ehemals germanisch-gallischen Provinzen im 5. Jahrhundert bis zum vorkarolingischen 8. Jahrhundert gibt es derart wenig Informationen, dass manch ein Europa-Historiker meint, zwei dieser Jahrhunderte habe es nie gegeben, und wir lebten tatsächlich erst im frühen 19. Jahrhundert. Das ist sicher falsch. Aber die These zeigt die dürftige Quellenlage über das Frühmittelalter. Die Kölner Grabungsfunde lassen nun einen kleinen Blick ins Alltagsleben hochstehender Persönlichkeiten dieser Zeit zu. So fanden sich in dem Kindergrab zwei Flaschen, eine mit einem nun 1 500 Jahre alten, allerdings heute völlig verwässerten Duftöl gefüllt. Anhand von Holzfragmenten ließen sich ein Stuhl mit abgesägten Beinen (er passte so in die hüfthohe Grabkammer) und ein Bett, in dem der Tote lag, rekonstruieren. Die mittels höherer und niedrigerer Brüstungen vielleicht wechselweise als Gitter- oder Kinderbett genutzte Liegestatt dürfte dem Kind wohl schon zu Lebzeiten gedient haben. Wie durch ein Schlüsselloch hindurch gestatten diese Funde einen Blick in eine Prinzenstube, in ein vornehmes Kinderzimmer der sonst recht dunklen Merowingerzeit.

Meterware im Versand

Der Paramentenraum ist die letzte große Abteilung des Domschatzes. **Paramente** sind liturgische Textilien. Hier sind vor allem Messgewänder, Prozessionsfahnen, Kelchtücher und dergleichen vom Mittelalter bis zum 20. Jahrhundert ausgestellt.

Der Kölner Domschatz beziehungsweise die Domskristei besitzt im Vergleich zu mancher Innenstadtgemeinde Kölns nur wenige Paramente aus dem Mittelalter. Dafür darf sie sich rühmen, die bedeutendste erhaltene Barockkapelle ihr Eigen zu nennen. Gleich beim Betreten der Paramentenkammer – nun befindet man sich unter der backsteinern unter-

Die vollplastischen, mit Drachen, Löwen und Fabelwesen gezierten Kapitelle im Lapidarium sind wohl um 1200 für den Alten Dom entstanden. Sie stammen vermutlich von der Hand des „Samson-Meisters", der auch maßgeblich im Kloster Maria Laach/Eifel wirkte.

**Sagen Sie mal …
was wiegt denn das?**

Für die Capella Clementina wurde bald mehr Edelmetall denn Textil verarbeitet. Die gold- und silbergewirkten Stoffe bringen es bei den Chormänteln auf gut 13 Kilogramm. Die Diakonsdalmatiken wiegen rund acht Kilogramm. Mit der nur auf einer Schulter aufliegenden schweren Stola dürfte den Kölner Diakonen die Bürde ihres künftigen Priesteramtes deutlicher werden als dessen erhoffter Glanz: Sie tragen die Dalmatiken heutzutage anlässlich der stundenlangen Dom-Fronleichnamsprozession.

3

Sagen Sie mal ... wie lange haben die daran gearbeitet?

Wenige Monate nach der Proklamation Karls VII. zum neuen deutschen König musste die Capella Clementina fertig sein. Zu kurz für eine solche Arbeit. Sechzig zusätzlich eingestellte Sticker garantierten aber die fristgerechte Lieferung. Zudem lagen die Musterstoffe für die Clementina teilweise schon vor. Mit ihnen ließ der französische König Mobiliar in Versailles beziehen.

Sagen Sie mal ... wer liegt denn da drin?

Der hölzerne, vergoldete Schrein im Untergeschoss ist ähnlich den rhein-maasländischen Reliquienschreinen des ausgehenden 12. Jahrhunderts gestaltet. Tatsächlich aber stammt dieser Schrein von 1914. In ihm ruhen die Reliquien des Kölner Bischofs Agilolfus (regierte 745–752). Der mittelalterliche, im Barock erneuerte Schrein des Heiligen wurde zur Zeit der Säkularisation eingeschmolzen.

wölbten Zwischendecke des gotischen Gewölberaumes – sind zur Linken die Vitrinen mit einigen Stücken der 44-teiligen, goldglänzenden **Capella Clementina** zu sehen. *Capella* ist die Bezeichnung für ein zusammengehörendes Set von Paramenten. Die erste „Kapelle" im Sinne einer kleinen Kirche war vielleicht das Gebäude, in dem die *Cappa*, die Mantelreliquie des heiligen Martin bewahrt wurde. „Capella Clementina" nimmt Bezug auf den Stifter dieser Kapelle, Clemens August, die wohl schillerndste Gestalt der barocken Kölner Kurbischöfe. Bekannt ist er vor allem als Bauherr des Weltkulturerbes Schloss Augustusburg zu Brühl.

Clemens August hatte als Kölner Bischof das Vorrecht, am 12. Februar 1742 in Frankfurt den neuen deutschen König Karl VII. zu salben. Nicht nur für den Bischof war dies ein äußerst wichtiges Ereignis, denn Karl war sein leiblicher Bruder. Beide stammten aus dem Hause Wittelsbach in München. Der Krönungstag markierte den Höhepunkt der gesellschaftlichen Stellung des bayerischen Hauses. Es stellte nach dem Bayerischen und dem Kölner Kurfürsten nun auch den neuen deutschen König und künftigen Kaiser. Von Frankreich unterstützt sollte mit ihm die langwährende Macht der Habsburger zurückgedrängt werden.

Clemens August hatte sich für diesen Tag nicht lumpen lassen. In Pariser Manufakturen des französischen Königs ließ er die prachtvolle Kapelle für die Krönungsmesse fertigen. Auf mit Silberfäden durchschossenen Trägermatten sind zentimeterstarke Stickereien, Applikationen und Fransen aus deckend mit Goldgespinst umwirkter Seide angebracht. Da der Kölner Bischof seinerzeit auch Herr über die Bistümer Münster, Paderborn, Osnabrück und Hildes-

heim war, ließ er sich für jedes dieser Bistümer eine eigene Mitra anfertigen. Auf dem Haupte trug er am Krönungstag allerdings nur das Kölner Exemplar. Die anderen wurden ihm in feierlicher Prozession vorangetragen. Ämterhäufung war im Barock nicht nur kein Problem, sondern sie wurde selbstverständlich auch gezeigt.

Clemens August selbst hat den Ornat nur ein einziges Mal getragen: am Krönungstag. Ein Teil der Clementina liegt aber sozusagen allzeit bereit bis heute in den Schubladen der Domsakristei. An Fronleichnam, zur großen Prozession, schwitzen die Kölner Diakone unter den schweren Dalmatiken.

Ein Pluviale (Chormantel) und die fünf Mitren der Capella Clementina. Das Pluviale wurde nur zu Beginn der Krönungsmesse und zur feierlichen Prozession getragen. Für die eigentliche Messhandlung kleidete man sich um und trug dann eine Kasel. Ein solches priesterliches Gewand ist rechts neben dieser Vitrine zu sehen. Auf dem Rücken ist das Lamm Gottes (= Christus) mit dem Buch der Sieben Siegel appliziert.

Bloß raus hier?

Allem Anfang wohnt ein Zauber inne, um mit Hermann Hesse zu sprechen – und dem Schlusse die Ernüchterung? Wer nach dem Ornat für die „Wittelsbacher Traumhochzeit" von Kirche und Staat, hier am „Tiefpunkt" der Domentdeckungen nach sinnvollem Ausgang sucht, der mag vielleicht in den der Clementina diagonal gegenüberliegenden Raumwinkel gehen. Zwei **Prozessionsfahnen**, entworfen von Wilhelm Mengelberg Ende des 19. Jahrhunderts im Stil von etwa 1400, können Rück-, Auf- und Ausblick geben.

Die eine Fahne zeigt Christus, wie er Petrus, dem Dompatron und legendären Gründer des Kölner Bistums, unter einem gotischen Maßwerkbaldachin den Himmelsschlüssel reicht: Sancta Colonia! Die heiligen Kölner Bischöfe Heribert, Agilolfus, Bruno und Engelbert darunter sind Zeugen Christi, Nachfolger Petri im Kölner Amt. Die Drei Könige auf der zweiten Fahne, in der Triangelkomposition des Lochneraltars, sind Garanten, dass dies so bleibt: Sancta Colonia! Und wer den Blick nun hebt und durch den Deckendurchbruch in die hohen Gewölbe des gotischen Kellers schaut, der sieht in gleiche Richtung, in die auch der Gipfel der heiligen Stadt einst wuchs: der Hohe Dom zu Köln. Räumlich führt dorthin nur eine Treppe. Sie können sich nicht verlaufen, nicht wie einst Victor Hugo in der dunkelnden Stadt.

Geschafft!

Die Baudaten des Domes – Eine Zeittafel

313/314	frühester Nachweis eines Kölner Bischofs (Maternus)
6. Jh.	frühchristliches Baptisterium; älteste sicher nachweisbare Kirchenanlage im Dombereich
ca. 850	Baubeginn Alter Dom
870	Weihe des Alten Domes durch Erzbischof Wilibert
vor 965	fünfschiffiger Ausbau des Alten Domes unter Erzbischof Bruno I.
1164	Überführung der Gebeine der Heiligen Drei Könige nach Köln
ca. 1190	Beginn der Arbeiten am Dreikönigenschrein
vor 1225	erste Erwägungen für einen neuen Dombau unter Erzbischof Engelbert I.
1248	Grundsteinlegung des gotischen Domes durch Konrad von Hochstaden
um 1265	Vollendung des Kapellenkranzes
1322	Chorweihe durch Erzbischof Heinrich von Virneburg
um 1360	Baubeginn am Südturm
gegen 1530	der Baubetrieb ruht
1560	offizielle Einstellung des Baubetriebes
1744–70	Barockisierung des Innenraums
1796	Einstellung der Gottesdienste im Dom nach dem Einmarsch der Franzosen in Köln
1801	Aufhebung des Kölner Bistums; der Dom wird Pfarrkirche
1821	Wiederrichtung des Kölner Erzbistums
ab 1823	Wiedereinrichtung der Dombauhütte; erste Restaurierungsarbeiten am Dom
1842	Beginn der Domvollendung; zweite Grundsteinlegung
1863	Vollendung des Dominnern, Abriss der Trennwand zwischen Chor und Langhaus
1868	Abriss des mittelalterlichen Baukrans auf dem Stumpf des Südturms
1880	Vollendung des Domes
1942–1945	schwere Beschädigungen im Zweiten Weltkrieg
1948	700-Jahrfeier der Grundsteinlegung: Der Chor ist wieder benutzbar
1956	Deutscher Katholikentag in Köln; das ganze Dominnere kann wieder dem Gottesdienst übergeben werden
1980	100-Jahrfeier der Vollendung des Domes
1996	Aufnahme in die Liste des Weltkulturerbes der UNESCO
1998	750-Jahrfeier der Grundsteinlegung

Fachchinesisch? – Ein Glossar

Ädikula

die aus →Stützen und Giebel bestehende, an eine antike Tempelfront erinnernde Rahmung einer Nische

Allerheiligstes

die geweihte Hostie; nach katholischem Verständnis ist sie der real präsente Leib Jesu

Archivolte

von den →Gewänden ausgehender und das →Tympanon eines Portals umfassender Bogenlauf

Aussetzung

Zurschaustellung von →Reliquien oder des →Allerheiligsten

Basilika

drei- oder mehrschiffiger Kirchbau mit durchfenstertem →Obergaden

Bistum

Bischofsprovinz

Blendmaßwerk, Blendbogen etc.

auf eine Wand gesetztes – vorgeblendetes – →Maßwerk, Bogen etc.

Bündelpfeiler

von vielen →Diensten umgebener, deshalb bündelartig erscheinender Pfeiler

Chor

der baulich hervorgehobene Altarbereich oder der für Priester, Mönche oder Nonnen reservierte Gebetsraum einer Kirche

Dalmatik

liturgisches Obergewand der Diakone

Dienst

sehr hohe Halb- oder Dreiviertelsäule, die einer Wand oder einer →Stütze vorgelagert ist

Dom

die Begriffe „Dom", „Kathedrale" oder „Münster" werden heute weitgehend übereinstimmend für eine größere Kirche, die Bischofskirche oder Hauptkirche einer Stadt ist, verwendet. Ursprünglich bezeichnete „Dom" (lat. domus, das Haus) den Wohnsitz eines Bischofs, „Kathedrale" war eine Bischofskirche mit einer Kathedra (griech. káthedra, Bischofsthron) und „Münster" (lat. monasterium) war eine Klosterkirche

Domkapitel

Gemeinschaft von Geistlichen an einer Domkirche, die in der Vergangenheit vor allem für die Einhaltung von Liturgie und Stundengebet an ihrer Kirche zuständig war

Episkopat

Bischofsamt

Epitaph

an einer Wand oder einer →Stütze angebrachtes Grabmal

Fiale

sehr kleines bis großes, turmartiges Zierelement der Gotik, das meist zur Bekrönung von Pfeilern verwendet wurde

Gewände

die seitlichen Begrenzungen eines Fensters oder Portals

Heilige Sippe

Darstellung der Verwandten Mariens und Jesu

Helm

steiles Turmdach aus Holz oder Stein

Horror Vacui

der Drang, keine freien Flächen in einem Bild oder dergleichen zu lassen, alles ausfüllen zu wollen

Inkrustation, inkrustiert

Marmoreinlegearbeit

in situ

am ursprünglichen Ort befindlich

Joch

von einem Gewölbe überfangene Raumeinheit

Kanoniker

hier die Mitglieder des Kölner →Domkapitels

Kapitell

oberes, in der Gotik meist mit Blattwerk verziertes Abschlussstück einer Säule oder eines Pfeilers

Kathedrale

→Dom

Kontrapost

Stand- und Spielbeinhaltung einer stehenden Figur

Krabbe

Blattausformungen an →Fialen und →Wimpergen

Kreuzblume

aus kreuzförmig angeordnetem Blattwerk bestehende Bekrönung einer →Fiale

Kruzifix

die bildliche Darstellung des gekreuzigten Jesus

Krypta

griech.: „die Versteckte"; ursprünglich unterirdische Grab- oder Reliquienkapelle, heute allgemein für unterhalb einer Kirche gelegene Kapelle

Lapidarium

(lat. lapis, der Stein) Steinsammlung, Steinkammer

Lettner

steinerne Trennwand zwischen →Chor und Laienraum in einer Kloster- oder Stiftskirche

Mandorla

meist mandelförmige Umrahmung einer Figur

Maßwerk

geometrisches, aus Kreissegmenten (im Zirkelmaß) geschaffenes Zierwerk der Gotik, das meist zur schmückenden Unterteilung der Fenster dient

Memorie

Erinnerungstafel

Mensa

die Tischplatte eines Altars

Misericordie

von lat. misericordia, Barmherzigkeit: Stütze an der Unterseite der Sitze des Chorgestühls. Da diese hochklappten, wenn ihr Benutzer aufstand, boten die meist reich verzierten Misericordien eine Hilfe während des langen Stehens

Mitra

Kopfbedeckung eines Bischofs

Monstranz

von lat. monstrare, zeigen: meist prächtig gestaltetes Gefäß für die Zurschaustellung und Anbetung des →Allerheiligsten

Monumentalplastik

lebens- bis überlebensgroßes figürliches Bildwerk

Obergaden

die obere, meist durchfensterte Mittelschiffwand

Patrozinium

die Zueignung (Weihe) einer katholischen Kirche an einen Heiligen

Point de Vue

Blickpunkt, Blickfang

Pontifikalamt

die vom Bischof geleitete Heilige Messe

Register

bei Orgeln Gruppen von Pfeifen mit charakteristischer Klangfärbung; in Bildern oder Fenstern waagerecht angeordnete Felder

Reliquien, Reliquiar

leibliche oder andere Hinterlassenschaften von Heiligen; Reliquiare sind meist kostbar gestaltete Gefäße für die Aufnahme und Präsentation von Reliquien

Retabel

Rückwand eines Altars

Riss

Planzeichnung eines Gebäudes oder einer Fassade

Sakramentshaus
steinernes Gehäuse für den →Tabernakel

Säkularisation
staatlich angeordnete Auflösung der geistlichen Institutionen (Klöster, Stifte) im Rheinland 1802/03

Schmerzensmann
Andachtsbild des stehenden, gefesselten und bereits mit Wundmalen versehenen Christus, wie er von Pilatus der Menge vorgeführt wurde; nach den Worten des Pilatus auch „Ecce homo" („Siehe der Mensch!") genannt

Schneuß, Fischblase
tropfenförmig verzogenes Maßwerk

Sedilie
Priestersitz, liturgischer Stuhl

Spolie
wieder verwendeter Mauer- oder Skulpturenstein

Stola
ca. 2,50 Meter langer, über Nacken oder Schulter getragener liturgischer Textilstreifen

Strebepfeiler, Strebesystem
äußeres Stützwerk gotischer Bauten. Durch die quer verlaufenden Schubkräfte der Gewölbe driften die Wände, auf denen sie angebracht sind, auseinander; die äußeren Strebebögen und -pfeiler leiten den Gewölbeschub nach unten ab

Stütze
Oberbegriff für alle Arten von Säulen oder Pfeilern

Sturz
obere Begrenzung einer Maueröffnung (Fenster, Tür)

Tabernakel
von lat. tabernaculum, Hütte, Zelt: Schreinstresor für die geweihte Hostie

Triforium
Laufgang unterhalb des →Obergadens

Tumba
steinerner, über der Erde gelegener Grabkasten

Tympanon, Tympana (Mehrzahl)
giebelförmiges Bogenfeld über einem →Sturz

Typologie
Lehre von den Vorausdeutungen des Alten auf das Neue Testament

Vierung
das →Joch, in dem sich Lang- und Querhaus kreuzen

Votivgabe
Dank- oder Bittgabe an Heilige

Wimperg
Ziergiebel an gotischen Portalen und Fenstern

ziseliert
im kalten Zustand plastisch geformtes Metall

Der Dom als Erlebnis

Öffnungszeiten Dom
täglich 6.00 bis 19.30 Uhr
Öffnungszeiten Schatzkammer und Domladen
täglich 10.00 bis 18.00 Uhr
Hl. Messen werktags 6.30, 7.15, 8.00, 9.00, 18.30
Uhr; sonn- und feiertags 7.00, 8.00, 9.00, 10.00,
12.00, 17.00, 19.00 Uhr
Mittagsgebet werktags 12.00 Uhr

Führungen Dom:
Domforum 0221/92 58 47–30
Führungen Schatzkammer, Dächer, Ausgrabungen:
Dombauverwaltung 0221/179 40–555
Turmbesteigung:
Mai – September täglich 9.00 – 18.00 Uhr;
Oktober bis April täglich bis zur Dunkelheit

Der Dom im Internet:
www.koelner-dom.de, www.dombau-koeln.de,
www.koelner-dom-fuer-kinder.de
Orgelkonzerte:
www.koelner-dommusik.de

Ein Tipp:
Nur wenige Wochen im Jahr sind die prunkvollen
Wandteppiche nach Entwürfen von Peter Paul Rubens
im Dom zu sehen. 1688 gelangten sie in den Dom
und hingen bis ins 19. Jahrhundert vor den Wänden
im Chor. Die Gobelins verherrlichen in einem groß
angelegten Programm die katholische Lehre der
Eucharistie. Deshalb werden sie gelegentlich um
Fronleichnam, dem Fest der Eucharistie, zwischen
den Langhauspfeilern aufgehängt.